はじめに

「素材にこだわって、思いを込めて作ったうちの商品、ものはいいはずなのに、なんで売れないんだろう…」

そんなふうに嘆いていらっしゃるかた、どうか悲観しないでください。

かの喜劇王チャーリー・チャップリンは言っています。「人生は近くで見ると悲劇だが、遠くから見れば喜劇だ」と。

そう、自分の経験、自社の視点、業界の常識で商品を見ると悲劇に思えることでも、他者の経験、他社の視点、異業種の常識で見直してみると、それまで気づかなかったことが見えて、案外楽観的になれるものです。

視点を変えて自社の商品を見直してみましょう。ものはいいのですから、売れないはずがありません。例えば「パッケージ」。

世の中には、パッケージを変えただけで売上が10倍以上に増えた、営業をしなくても販路が広がった、といった事例が無数にあります。

あなたの商品も、パッケージを変えることで、売上が増える可能性を秘めているかもしれません。

私は徳島県を拠点にパッケージの企画、デザインから制作、納品まで一貫して行う仕事をしています。これまでに5000以上の商品パッケージを比較検討し、当社ホームページに掲載されている自社のプロデュース商品も160を超えました。

趣味は、実益も兼ねて「パケ買い」。

そんな日々を過ごすうちに、わかってきたことがあります。それは「売れるパッケージ」と「売れないパッケージ」の違いです。

あなたの会社の商品は、果たして売れるパッケージなのか、売れないパッケージなのか。もし売れないパッケージならば、どうすれば売れるパッケージに生まれ変われるのか。

本書ではそのノウハウ、ヒントを余すところなくお伝えします。

ぜひ私と一緒に考えてみましょう。

株式会社パッケージ松浦　代表取締役社長／パッケージマーケッター®
松浦 陽司

売上がグングン伸びるパッケージ戦略　目次

第2章　手に取ってもらえるパッケージの秘密

第3章　大ヒット商品を生む「目のつけどころ」

第4章　パッケージで価格競争地獄から脱出

第5章　売上を伸ばすターゲットの絞り方

第6章　パッケージが変われば世界が変わる

第7章　パッケージはお客様との最強のコミュニケーションツール

＊本文中、株式会社、有限会社等の表記は省略しています。

第1章

パッケージは
モノ言わぬセールスマン

パッケージと中身、どっちが大事？

商品が売れるためには、中身とパッケージのどちらが重要だと思いますか。

「やっぱり中身が70％くらいの比重を占めるだろう」と考えるかたもいるでしょう。「パッケージの本なんだから、パッケージが80％じゃない？」などと深読みされるかたがいるかもしれません。

結論から言うと「パッケージが１００％」です。

「それは言いすぎでしょう」と思われたかたがほとんどでしょう。でも、この言葉には続きがあります。それは「中身も１００％」というものです。つまりパッケージも中身も、同じくらい重要なのです。

「仕事と家庭」に置き換えるとわかりやすいかもしれません。「仕事と家庭、どっちが大事？」と聞かれたら、多くの人は「仕事も１００％、家庭も１００％、どちらも大事」と答えるでしょう。

なぜなら、仕事が100%で充実していても、家庭が0%だったら幸せな人生といえるでしょうか。答えは否ですね。仕事と家庭が両立して、初めて豊かな人生といえるのではないでしょうか。

パッケージと中身も同じ。両立して初めて、売れる商品になるのです。

スーパーで買い物をするシーンを思い浮かべてください。陳列棚に所狭しと並べられた商品の中から手に取るのは、ぱっと目を惹くパッケージだと思います。それをじっくり見て、食欲をそそる商品名やキャッチコピー、おいしそうな完成写真などに購買意欲をそそられ、購入に至るという流れです。

それから家に帰って調理をして、期待どおりの味であれば、リピート購入をする。そして次に買うときに目印にするのは、「印象的なあのパッケージ」というわけです。「ヨーグルト売り場に並んでいた、あの緑のパッケージの」という感じです。

もし「パッケージが0%」だったらいかがでしょうか。購入はおろか、お客様に手に取っていただくことさえありません。

反対に「中身が０％」ならいかがでしょう。「パッケージを見ておいしそうだったから買ったのに、期待はずれだった」となれば、二度と購入してくれることはありません。

パッケージも１００％、中身も１００％という意味がおわかりいただけたのではないでしょうか。

用途に応じたパッケージングが売上を左右する

「自社の商品が売れない」とお悩みのかたは、ことによると「商品そのものを売ろうとしている」のではないでしょうか。私は「どうすれば売れるか」と考える前に、「この商品でお客様が得られる価値は何だろう」と考えることが大切だと思います。

お菓子を例に説明します。

お菓子の価値は何かと聞かれると、言うまでもなく「おいしさ」ですね。ただ、それだけではない場合もあるのです。

こんなシーンを想像してください。あなたが遠方に出張に行って、帰りの駅や空港で「会社のみんなにお土産を買おう」と思ったとき、次の2つのお菓子のどちらを買いますか。

①味は抜群だけれど、1箱に裸のお菓子が20個入っている
②味はそこそこだけれど、個包装（1個包装）のお菓子が20個入っている

会社で配るシーンを考えてみましょう。

①のお菓子は、開封したらその日のうちに食べなければなりません。しかし、渡す相手が全員デスクにいるとは限りません。営業で外出していたり、出張でその日は帰らない人がいるかもしれません。しかたなく空いたデスクの上にティッシュを敷いて裸のお菓子を置いておけば、ほこりをかぶったり、固くなってしまったりするかもしれません。これではもらった人も気持ちのいいものではないでしょう。

②のお菓子は、衛生面でも安心して配ることができます。出張で2、3日戻らない人にも、デスクの上に置いておけます。

そうしたことを考え、みなさんはきっと②を選ぶことでしょう。私もそうします。

味は①のほうがよくても、選ばれるのは②のほう。これは状況によって「買う価値」が変わるからです。出張帰りのお土産には「おいしさ」よりも「配りやすさ」のほうに価値を見いだすからなのです。

このように、「自社が提供する価値」ではなく、「お客様が得られる価値」を考えてみると、案外その優先順位が変わるものです。

最後はパッケージが購入の決め手

「テレビコマーシャルの最後にはパッケージを大きく写す。消費者はパッケージで商品を覚えている」と言ったのは、イギリスの広告会社社長で「広告の父」といわれたデイビッド・オグルヴィ（1911〜1999年）です。

「商品の中身を写さなきゃだめでしょ」と思われたかたもいるかもしれません。

では、考えてみてください。例えばあなたがカレールウのCMの企画担当になったとします。そして、おいしそうなカレーライスのアップやシズル感たっぷりの画像をふんだんに盛り込んだCMが完成します。CMを見た消費者は、カレーが食べたくてしかたなくなります。消費者は湧き上がったカレー欲を満たすべく、街へ出ます。

しかし、これでCMは大成功、と喜んではいけません。

消費者はスーパーに行かず、街のカレーショップを訪ねるかもしれません。たとえスーパーに寄ってくれたとしても、他社のカレールウを買うかもしれません。そう、あなたの会社のカレールウが選ばれるとは限らないのです。

カレー欲を増進させるところまではよかったのですが、残念ながら必ずしも自社商品の購入にはつながらないのです。

オグルヴィの言うように「消費者はパッケージで商品を覚える」のです。**「バーモントカレー」**なのか**「ジャワカレー」**なのか、きちんと消費者にわかってもらうことが大切なのです。

仮にスーパーの棚に並ぶカレールウがすべて統一された透明のパッケージで売られていたら、どのメーカーの何という商品かわからず、味の特徴もわかりませんね。つまり「どれも変わらない」ということになってしまうのです。

パッケージがいかに重要か、おわかりいただけたことと思います。

アメリカのマーケティング用語に、「パッケージはモノ言わぬセールスマン」という言葉があります。ネーミングだけでなく、キャッチコピーや人に訴えかけるデザイン、形状などが、消費者に商品をセールスしてくれるという意味です。しかも24時間365日休みなくセールスしてくれます。非常に優秀なセールスマンです。

会社で営業マンを雇うとなれば、給与をはじめ交通費、接待費などいろいろと固定費がかかります。しかも、雇ったからといって必ず売上が増えるとは限りません。

モノ言わぬセールスマンとして、パッケージに投資することを考えても損はないと思います。

case 1 常識の枠を取り払い、競合製品に背を向け独占市場を開拓！ 赤玉　父さんのまくら

大阪府にある赤玉という会社は、1901年創業の寝具製造卸売業です。同社社長の三原幸夫さんから、消臭スプレーのパッケージ開発の依頼をいただきました。

消臭スプレーといえば、スーパーやドラッグストアに並べるのが一般的です。しかし、売り場は**「ファブリーズ」**や**「リセッシュ」**などの競合商品で溢れかえっています。まともに勝負を挑んでも、そう簡単に勝てるものではありません。

しかし、三原さんの発想はユニークでした。「消臭剤の用途を寝具用に特化する」というのです。なるほど、競合がひしめくスーパーやドラッグストアに背を向け、ライバルのいない寝具売り場で売り出せば、純粋に製品の質で勝負できます。

さっそく、あちこちの寝具売り場を確認してみました。布団や毛布、シーツなどの商品は、意外とカラフルなパッケージが多いことに気づきます。あるいはパッケージングせず、枕やふとんなどの色をそのまま見せて販売しています。

次に、来店するお客様を観察してみました。すると当然のことながら、主婦が多い。そして、主婦の「臭い」に関する悩みを調査すると、おもしろいことがわかりました。50歳を超えた主婦の多くは、お父さんの加齢臭に困っているというのです。加齢臭といえば、一番こびりつくのが「まくら」です。

そこで商品名を**「父さんのまくら」**とし、パッケージを「黒」一色にしました（写真1―1）。「父さんのまくら」とネーミングすることで、お父さんの枕の臭いに困っ

1－1

ているお客様へ、ストレートに特性を伝えることができます。「きっとこの商品が、毎朝の嫌な思いから解放してくれる」と気づいてもらえるでしょう。

また、パッケージの色に「黒」を採用することで、寝具売り場でとても目立ち、お客様の目に飛び込みやすくなっています。

「消臭スプレーの価値は消臭すること」という常識の枠を取り払い、お客様の視点から商品を見直す。「自社が提供できる価値」ではなく、「ユーザーが得られる価値」に切り替えるということです。そして、その価値を伝えるネーミングとパッケージにすることにより、お客様に喜ばれる商品になります。加えて、競合がひしめく市場で勝負することなく、独占市場で商売ができる利点もあります。2019年11月に発売したこの商品、初回ロット4000本がわずか4か月で完売する大ヒットとなりました。

その商品がせっかくもっている強みが表現しきれていないケースは決して少なくありません。角度を変えて、新しい価値を訴求する方法を見つけましょう。見つけたら、それをパッケージで表現するのです。

case 2 パッケージを変えて売上が6倍増！ 北灘生活交流会 焼肉のたれ

2014年、北灘生活交流会（徳島県）から、私のもとに相談が来ました。30年間、同じパッケージで焼肉のたれを売っているものの、全然売れない。パッケージをリニューアルしたいので、相談に乗ってほしい、という主旨でした。

会長の松本隆子さん（当時81歳）が、「今はこんなパッケージで売ってるんじょ」と取り出したパッケージを見て、私はショックを受けました。「食欲減退色」の最高峰とされる「青」一色のデザインだったのです（写真1―2）。

　私は会長にヒアリングをしました。

「この焼肉のたれの特徴は何ですか？」

会長曰く「うまいんじょ」（徳島の方言で「おいしいですよ」という意味です）。しかし、「おいしい」というだけでは売り文句になりません。「ほかに特徴はありますか？」と聞くと「食べてもらったらわかるんじょ」と返ってきます。しかし、食べてもらう以前に、買っていただけないから困っているわけです。

1－2

　そこで私は「生産者の思いを伝える」という方法を提案しました。

「30年前、会長はなぜこの商品を発売しようと思ったのですか？」

「わしの孫がな、小さいときにな、『今夜は焼肉じゃ、おばあちゃんのたれで焼肉じゃ』って叫んだんじょ」

　それを聞いて、ネーミングも変えて、パッケージを大リニューアル！　それが写真

1－3

1―3の**「今夜は焼肉じゃ」**です。

そう、ネーミングにお孫さんのせりふをそのまま採用したのです。「焼肉のたれ」では、競合他社の商品に埋もれてしまうので、消費者に呼びかけるような「今夜は焼肉じゃ」として差別化を図ったのです。メインカラーだった食欲減退色の青もやめ、食欲増進色である赤や茶をメインに採用しました。そして、会長のイラストも入れて優しさ・温かみを伝えます。

リニューアル後、この商品は右肩上がりで売上を伸ばし、2016年には6倍の売上を達成し、地元の新聞にも掲載されました。

売上が伸びると、社員の士気も高まります。その後、お持ち帰りの1本入り箱、贈答用の2本入り箱などのシリーズ商品も開発。2018年に85歳を迎えた会長に会ったとき、「どのくらい売上を伸ばしたいですか？」と聞くと「まだまだ、今より倍にするじょ」と目をキラキラしながら語ってくれました（2018年は売上8倍にまでなりました！）。

パッケージを変えたことで、85歳の松本会長はさらに大きな夢を見つけたのです。

case 3

逆境を逆手に取ってメディア殺到の人気商品に！　フルーツガーデン山形　新高梨

２０１４年夏、台風11号が徳島県を直撃し、フルーツガーデン山形は甚大な被害を受けました。枝折れや落下により、収穫直前の新高梨が半分だめになってしまったのです。

通常であれば売上は半分になるはずですが、同社はこのピンチを見事に切り抜けました。

「あの台風にも負けずに落ちなかった梨には、必ずご利益がある」として、ネーミングを変えて発売しました。その名も**「台風にも負けず落ちなかった合格間違い梨」**。

これが受験生向け商品として注目を浴びました。パッケージも「目標を見失わずご利益を授かりたい」という意味で、およそフルーツが入っているとは思えない、真っ赤なだるま型のデザインを採用しました。

さらに「もっとご利益を付与することはできないか」と、地元で受験の神様として知られる「お松大権現」のお守りをセットで販売することにしました（写真１―４）。

それでもまだよしとしません。さらなるご利益をと、完成後のパッケージをお松大権現に持ち込み、祈祷を受けた「ご祈祷済みパッケージ」へと進化させました。だるまの目入れにも趣向を凝らしました。通常は墨で目を入れますが、残念ながらパッケージの場合は墨をはじいてしまいます。これを逆手に取り、パッケージに「絶対に落ちないように油性マジックで目を入れてください」と表記したのです。

こうして「台風にも負けず落ちなかった合格間違い梨」は大きくメディアに取り上げられることとなり、地元の新聞、雑誌、ラジオ、テレビをはじめ、一部全国紙にも取り上げられました。

メディアの広告効果は絶大です。前年2013年の来園者は約9000名でしたが、この年は約1万2000人に急増しました。社長の山形文吾さんは「宣伝効果が絶大だった。やってよかった」と胸をなで下ろしました。

ちなみに、この新高梨は非常に大きく、重さ約1kgもあります。通常は1個900～1000円で販売しますが、「合格間違い梨」は5089《ごりやく》円で販売され、それでも飛ぶように売れました。

パッケージによって商品に命を吹き込むと、お客様が買う価値も、販売する価格も

1－4

まるで変わってくるという話です。まさにピンチはチャンス！　逆境を価値に変えることもできる好例といえます。

case 4 自社製品の強みをパッケージに打ち出して販路拡大　ＪＦ徳島漁連　ひじき

ＪＦ徳島漁連から「ひじき」のパッケージリニューアルの依頼を受けました。リニューアル前の商品が写真１―５です。

なぜ当社に依頼したのか聞いてみると「スーパーでの販売が苦戦している」とのことで、さっそく現場で他社商品とも比較してみたところ、おもしろいことがわかりました。

ほとんどの海産物は画一的に「ひじき」とだけ書いてある商品が多く、パッケージも海産物を象徴するような青、白、黒などの寒色系の色使いが大半です。

1－5

同漁連に「自社商品の強み」を確認すると、「100％徳島県産のひじきしか使っていない」ということでした。

他社製品の多くは外国産で、国産であっても県名まで明記している商品はありませんでした。これはすばらしい強みです。

そこで、お客様に伝わりやすいように、ネーミングから変更することを提案しました。そして完成したのが、写真の**「徳島生まれの　徳島の漁師による　とくしま漁連がおすすめする　ひじき」**です（写真1―6）。

他社商品と同じ棚に並べられたときに目立つように「朱色」を採用。ネーミングには「徳島」が3回も出てくる徹底ぶりで、このネーミングならさすがに外国産とは思われません。さらにスーパーで販売するので、若い主婦をターゲットに「子育てママ応援」という要素をイラストと文字で伝えました。

パッケージリニューアル後、県内2系列のスーパーから声がかかり、すぐに23店舗導入の運びとなりましたが、それだけでは終わりませんでした。営業もしていない、会ったこともない土産物屋や産直市から、同漁連に電話がかかってくるようになったのです。

「おたくの徳島生まれのひじき、当社でも取り扱いさせてもらえませんか？」

地元のお土産として認識されたのです。幸いひじきは常温で日持ちもするため、お土産としてもうってつけでした。こうして次々に販路が広がっていったのです。

重要なことは、ひじきの販路が広がったことにより、「海苔もわかめも一緒に」と、ほかの商品も新たな販路で販売できるようになったということです。

同漁連の林氏は「営業もしていないのに、販路が広がりました」とご満悦の様子。

一点突破ですばらしい価値を表現した効果です。

チャック
安心安全な徳島県産にこだわります JF徳島漁連
徳島生まれの
徳島の漁師による
とくしま漁連が
おすすめする
ひじき
子育てママ応援!
ちょっと一品
加えるだけ♪
鉄分
13.8mg
食物繊維
10.8g
カルシウム
350mg

1－6

第1章 ここが要の七か条

一　中身と同じようにパッケージも重視

二　商品が使われるシーンをイメージしてパッケージを考える

三　パッケージは24時間365日働く有能な営業マン

四　商品がユーザーに与える価値をあらゆる視点から考える

五　商品が生まれるまでのストーリーが価値になることもある

六　ピンチはチャンス！逆境を価値に変える大胆な発想をもつ

七　商品の強みを一点に絞ってアピールする

第2章
手に取ってもらえるパッケージの秘密

色を変えるだけで「気づかれる存在」に

百貨店に、スーパーに、コンビニに、無数の商品が並んでいます。いったい、どのくらいの商品数が並んでいるのでしょうか。店舗によって異なりますが、一般的に食品スーパーでは1万2000点以上、コンビニでも2000点以上の商品が並んでいるそうです。

これでは、お客様に見つけてもらうのは至難の業です。気づかずに通り過ぎられてしまっても無理はありません。

試しに近所のコンビニに置いてある商品を思い浮かべてみてください。何種類くらいの商品名を書き出すことができますか。100点書けたらたいしたものです。それでも1900点の商品を見逃していることになります。目に留まらなかった商品は、その人にとって「存在しないのと同じ」です。

では、どうしたらお客様に「気づいてもらえる」商品になるのでしょうか。

まず「パッケージの色」で気づいてもらうという方法があります。

「東京カンパネラ」（アイル）という商品は、羽田空港や東京駅などで大々的に販売していますので、ご存知のかたも多いことと思います。その商品パッケージがターコイズブルー（緑がかった水色のような色）という独特の色なのです。食品業界では「食欲減退色」といわれる寒色は避けられる傾向にあります。ではなぜ、東京カンパネラがこのようなターコイズブルーを採用したのでしょうか。理由は「他社と差別化するため」です。

同社では、羽田空港や東京駅で販売することが決まったとき、まず競合商品を考えました。すると、黄色いパッケージの**「東京ばな奈」**（グレープストーン）や、黒いパッケージの**「東京たまご　ごまたまご」**（東京玉子本舗）などが真っ先に挙がります。この2つの商品に囲まれても、圧倒的な存在感を誇る商品の色を、と考え抜いた結果、あえてターコイズブルーにしたそうです。このねらいが見事に当たり、発売以来のロングセラー商品となっています。

ほかにも真っ赤なパッケージで有名な**「ガーナミルクチョコレート」**（ロッテ）が挙げられます。通常、商品のパッケージは中身を連想させる色が採用される傾向にあります。チョコレートでいえば「茶色」などです。しかし、ロッテがチョコレートを販売する時点で、すでに森永製菓や明治製菓が茶色のパッケージの「ミルクチョコレート」を販売し、人気を博していました。後発のロッテが同じ茶色のパッケージで発売しても、店頭でお客様の目に留まるのは難しい。そこで色による差別化を考え、真っ赤なパッケージを採用したそうです。

ネーミングを変えるだけで大ヒット!?

私たち消費者は、どのような順番で商品を覚えていくのでしょうか。

①商品名
②パッケージの形
③パッケージの色

答えは、③パッケージの色→②パッケージの形→①商品名といわれています。

例えば**「カロリーメイト」**（大塚製薬）という商品名よりも先に、「黄色い箱に入ったバランス栄養食」と覚えたりするものです。

また、容器のシルエットを見ただけで、日本人のほぼすべてが**「ヤクルト」**（ヤクルト本社）と認識するのは、パッケージの形による差別化といえます。

では、パッケージの色や形にこだわればよいのかというと、もちろんそうなのですが、越えなければならない高いハードルがあります。

色については、無数の商品が世に出ているため、パッケージに使われていない色はない、と言っていいほどです。どんな色を選んでも、差別化はしにくい状況です。

形については、変わった形だと組み立てや商品封入作業が困難な場合があります。また、金型の製作に莫大《ばくだい》な費用がかかってしまい、中小企業にとっては大きな負担となります。相模屋食料の人気製品に**「ザクとうふ」**という豆腐があり、その名のとおりパッケージが「機動戦士ガンダム」の「ザク」の形をしています。いったい金型代はいくらかかったのでしょうか。

色や形で差別化を図るのは、中小企業にとっては難しい。となれば、商品の個性を打ち出せる有効な手段は、商品名です。ところが、ネーミングに力を入れている中小企業はあまり多くないようです。「だんご」なら「だんご」「煎茶」なら「煎茶」と、ストレートに名づけるケースが多く見受けられます。

それではあまりにももったいないと思います。ネーミングによって、伝わり方が劇的に変わる事例が多々あるのですから。

伊藤園の**「お～いお茶」**は1989年の発売以来の大ヒット商品ですが、1984年の発売当初は**「缶入り煎茶」**というネーミングだったそうです。当時はあまり売れなかったのですが、5年後に現名称に変更したところ大ブレイク！　2019年までの30年間で累計310億本を突破するヒット商品になっています。お客様に「呼びかける」ようなネーミングが心に響いたのでしょう。

キャラクターやキャッチコピーも売上を後押し

ほかにも商品を差別化する方法はいろいろあります。「キャラクター」によって差別化するのもその1つ。

例えば、熊本県に行けば「くまモン」、滋賀県に行けば「ひこにゃん」など、ご当地ゆるキャラがパッケージに掲載された商品が数多く販売されています。

これはキャラクターがもつパワーや認知度で商品を販売する戦略です。みなさんの街でも活用できる人気キャラクターがいるなら、ぜひ活用してみましょう。

企業や商品のキャラクターを生み出して活用することも重要です。

「ガリガリ君」（赤城乳業）と聞けば、知らない人はいないといっていいほど、抜群の知名度を誇る氷菓です。こちらのパッケージには人気キャラクター「ガリガリ君」が大きく描かれています。

東ハトのスナック菓子には、**「キャラメルコーン」「暴君ハバネロ」「ビーノ」**など、それぞれのキャラクターがパッケージに大きく描かれています。

実はキャラクターには「アイキャッチを強める」という効果があります。人は人の顔に惹きつけられる傾向が強いので、キャラクターの目があるだけで、ほかの商品より目に留まりやすくなるのです。

もちろん、パッケージに著名人の写真やイラストなどを載せることも有効な手段ですが、中小企業には向きません。莫大なロイヤリティが発生するでしょうし、何よりその著名人の個性と、企業の考え方が合っているかがわからないからです。

次に、「キャッチコピー」による差別化も挙げられます。ネーミングだけでは伝えられない商品の特徴や、「お客様が得られる利益」を、少し長い文章で伝えることができます。

「やめられない、とまらない！」といえば、言わずと知れたカルビーの**「かっぱえびせん」**。パッケージにも記されているコピーで、みんながおいしく食べるシーンが目に浮かびます。

サンスター文具の**「アーム筆入」**は、「象がふんでもこわれない」というキャッチコピーで一世を風靡《ふうび》し、大ヒットした商品です。ちなみにパッケージに入れていたこのキャッチコピーを、一時「象のマークは強さのしるし!!」に変更して販売した時期がありましたが、思うように売上が伸びず、2012年にふたたび「象がふんでもこわれない」に戻したところ、売上が回復していったそうです。

case 1 当たり前のひと言を添えただけでバカ売れ! イチハラ農園 おくら

一般的な産直市の売り場を想像してみてください。野菜やフルーツはどのようなパッケージに入っているでしょうか。

例えば「おくら」なら、透明の袋に生産者のバーコードと価格のシールが貼ってあるだけの、シンプルなものが多いでしょう。中にはオリジナル印刷を施した袋に入っているものもありますが、だいたいの場合は、白地に緑文字の印刷で「おくら」と書いてあるだけです。

徳島にあるスーパー・キョーエイでは「すきとく市」という産直市を定期的に開催していますが、そこで販売されると圧倒的に売れるおくらがあります。それが**「イチハラ農園　朝採りおくら」**です(写真2—1)。

2－1

まず目を惹くのがオレンジ色のパッケージです。メインカラーをオレンジにし、産直市の売り場で目立つ工夫をしています。さらに、袋の上のほう、普段は無地で終わらせるところにも、オレンジの柄を入れて、お客様の目に留まる工夫をしています。

そして、色使い以上にお客様の目を惹きつけるのが、「朝採りおくら」というネーミングです。

キョーエイ中央店の浅野雄司《かつし》店長は次のように分析します。

「やはり、お客様はネーミングの〝朝採り〟というところに惹かれているようです」

スーパーに来店した消費者は、まず商品売り場をざっと見て回ります。そのとき、オレンジ色のパッケージに目を奪われます。手に取ってみると〝朝採り〟と書いてある。「今朝収穫された新鮮な商品」ということが、お客様に伝わり、購入に至るのです。

「でもね」と浅野店長は続けます。

「産直市ですから、ほかのおくらもその日の朝に採れているんですけどね」

そう、どのおくらも同じように、その日の朝採れたものです。イチハラ農園の「朝採りおくら」と変わらない価値をもっています。ただし、その「朝採り」の価値が伝わったのは、イチハラ農園のおくらだけでした。

このように、まずはパッケージの色を変えることで、お客様に気づかれる存在になる。そして、ネーミングに工夫をすることで、他社と同じような商品であっても、手に取られ、購入される存在になるのです。

case 2

こだわりのネーミングで毎年販売直後に完売に！　西地食品　徳島県産こしひかり

安易なネーミングをつけてしまう典型的な例が、米です。ほとんどの米が「富山県産こしひかり」や「兵庫県産きぬひかり」といった具合です。判で押したように「○○県産＋品種」で表記されていることが多いのです。これでは商品の特徴を表現することも、ましてやお客様の目に留まることもありません。

徳島県で、毎年収穫直後に売り切れてしまうお米があります。そのお米は西地食品の**「武士の握飯米」**です（写真2―2）。

実はこの商品、中身は「徳島県産あきさかり」。しかし、一見して「普通のお米と何か違う」ということを伝えるインパクトあるデザインになっています。

西地食品の吉永昭二さんから依頼を受けたとき、「徳島県産あきさかりという商品名ではおもしろくない」と、いろいろ話し合いました。

吉永さんに聞いたところ、「西地食品はおよそ200年続く歴史ある会社です。そ

文政六年創園、時を超える想い
武士の握飯米
徳島県産
自然を愛する武士が草ぼうぼう、
虫だらけの田んぼで育てた、虫から守り抜いたお米。

2－2

の会社が丹精込めてお米を作りました。また、ごく最低限の農薬しか使っておりません。除草剤や殺虫剤も使っていないのです」とのことでした。これをそのまま「歴史ある会社、こだわり製法、低農薬、殺虫剤不使用」と書くことも考えたのですが、吉永氏によると隣の田んぼも同じ製法だそうなので、西地食品さんオリジナルの強みにはならないと判断しました。

そこで目をつけたのが、吉永氏の「武士が好き」という趣味です。小さいころから時代劇が大好きだった吉永氏がイメージしたのは、武士が藁で編んだ入れ物に握り飯3、4個を入れて、肩から下げて歩いている風景。この握り飯がとてもおいしそうだということで、「武士の握飯米」というネーミングになりました。

パッケージには、武士に扮した吉永氏のイラストをあしらいました。そして歴史観も伝えるべく「文政六年創園、時を超える想い」と表記します。「低農薬」「殺虫剤不使用」とは書かず、「自然を愛する武士が草ぼうぼう、虫だらけの田んぼで育てた、虫から守り抜いたお米。」としました。

まずネーミングにこだわり、そこから派生するデザインや文字で世界観をもたせることで、一見して明らかにほかの米とは違うパッケージの商品が生まれました。その結果、毎年即完売という大人気の米になっています。

case 3 見た目の仕掛けが評判を呼び看板商品に　牧商店　竹ちくわ

近年のゆるキャラブームの影響で、47都道府県のみならず、市町村にもゆるキャラが生まれるようになりました。これらゆるキャラは、申請さえすれば、無料で商用利用できる場合が多くあります。ご当地のゆるキャラが、自社の商品と相性がよく、活用できるなら考えてみるのもおもしろいでしょう。

徳島県には「ちっかーず」というゆるキャラがいます。小松島市の名産品である竹ちくわをモチーフにしたキャラクターで、地元の方言で竹輪のことを「ちっか」ということから命名されました。

このゆるキャラに目をつけたのが牧商店の牧久雄社長。「ちっかーずを使った竹ちくわ1本入り商品を作りたい」という話になりました。そして世に出された竹ちくわの商品名は、ゆるキャラの名をそのまま借りて**「ちっかーず」**となりました（写真2—3）。

2－3

「ちっかーず」のキャラクターをそのまま大きくデザインしたように見えますが、実はこのパッケージの工夫はここからです。「日配食品のパッケージは中身が見えたほうがいい」という機能的な都合と、「もっとパッケージでおもしろさが表現できないか」という情緒的な都合を両方取り入れて、ちっかーずのキャラクターの本来は茶色が塗ってあるところを、透明にしているのです。

竹ちくわを引き抜くにつれ、ちっかーずのキャラクターの体が透明になっていくという寸法です。食べておいしい、竹ちくわを引き抜いてちっかーずの色が変わるというギミック（仕掛け）で楽しいという、1

＊この商品はキャラクターの色を透明にすることができましたが、ゆるキャラを商用利用する際には、基本的にはデザインを変更することはできません。ゆるキャラを使用する際は各自治体が定めた規約を確認してください。

2−4

本で2回楽しめる商品に仕上がりました（写真2—4）。

このパッケージが店頭に並ぶと、キャラクターの力もあってとても目立つ商品となりました。

ちなみに、この商品の一番の購入者は「おじいちゃん」でした。買い物かごに「ちっかーず」を入れたおじいちゃんに、牧久雄社長自らインタビューしたところ、「孫が喜ぶから買ってみた」という理由だったそうです。

おじいちゃんが孫のために買って帰り、家族だんらんの一助となるこの「ちっかーず」、牧商店でのロングセラー商品になっています。

case 4 大胆なキャラクター設定も日本一獲得に貢献　村のおっさん　豆腐

徳島県の自治体の中で、唯一「村」がつく佐那河内村《さなごうち》に「村のおっさん」というユニークな名前の豆腐店があります。

この「村のおっさん」の名物商品が、写真の**「充填《じゅうてん》こいまろ。」**という豆腐です（写真2—5）。

2－5

＊「充填豆腐」とは、冷やした豆乳とにがりを混ぜて容器に充填し、密閉した後に加熱して、冷やし固めます。木綿豆腐や絹ごし豆腐とは製法が異なるため、区別されます。

パッケージに大きく描かれた独特のキャラクターが印象的なこの豆腐、ひと目見たら忘れられないほどのインパクトを与えます。

地元のイラストレーター、ＫＥＳＨＩＨＡＮ洞の浜田淳子さんが、同社社長の桑原年朗さんをモチーフに描いたキャラクターで、その名も「トウフ野郎」。売り場に並んだ数ある豆腐の中で、ひときわ存在感を放っています。

このような斬新さを前面に打ち出したパッケージを採用するのは、とても勇気がいることです。パッケージのユニークさに惹かれて買ってはみたものの、味が普通、あるいはそこそこのおいしさであったら、単なるキワものとして位置づけられてしまいます。リピーターへのハードルを自ら上げてしまうことになりかねないのです。

しかしこの「充填こいまろ。」、2015年に開催された第1回全国豆腐品評会で、日本一の充填豆腐に選ばれ、味も折り紙つきであることが証明されました。

日本一受賞を記念して、特別パッケージを制作しました。写真のように「トウフ野郎」の頭に王冠をかたどった受賞シールを貼ったのです(写真2―6)。王冠がパッケージから飛び出しているところがポイントで、販売促進にひと役買いました。

まずはお客様に手に取ってもらうために、パッケージを目立たせる。社長自らをキャラクター化することで、認知度を高める。注目を集めることによって「おいしいものを作らなければ」と作り手の士気が高まり、さらにおいしい豆腐ができる、という好循環を生んだ商品といえます。

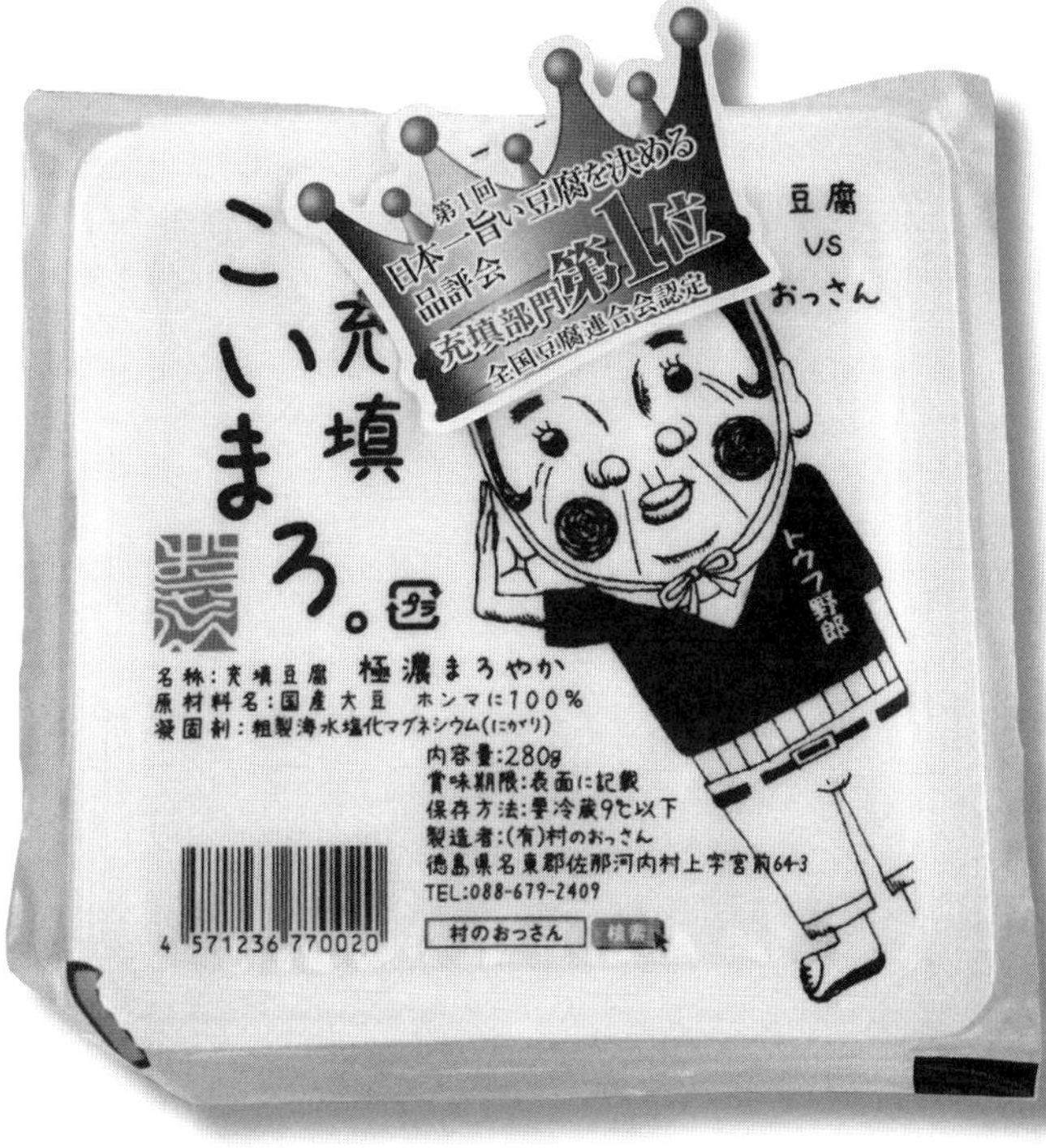

2−6

＊必ずしも社長をキャラクター化することを勧めるものではありませんので、ご注意を。会社や社長に合った打ち出し方法はキャラクター化以外にもたくさんあります。

第2章 ここが要の七か条

一 パッケージの色を変えて競合商品との差別化を図る

二 ストレートなネーミングより意図が伝わるネーミングに

三 キャラクターを活用しキャッチコピーにもひと工夫

四 消費者が気づいていない価値を打ち出す

五 自社商品の強みをネーミングに生かして商品価値を高める

六 ゆるキャラを活用するのも手

七 オリジナルキャラクターで親しみやすさを演出

第3章

大ヒット商品を生む「目のつけどころ」

自社独自の価値を見つける3ステップ

第1章でもふれましたが、「商品そのものを売る」のではなく、「その商品を売ることで、お客様が得られる価値を売る」を第一に考えることが大切です。みなさんも考えてみてください。自社の商品にしかない価値が必ずあるはずです。

「うちの商品はどこにでもあるものだから、独自の価値なんてない」と控えめなかたもいますが、決してそのようなことはありません。なぜなら、会社が、その商品が今も存続しているということは、お客様がその商品に価値を感じ、購入しているからです。

本当に会社や商品に価値がないのであれば、とうになくなっているはずです。

以下、自社独自の価値を見つけるための3つのステップをご紹介します。

ステップ1 「強み」「好き」「喜んでもらっている」ことを書き出す

付箋やメモ用紙などに、会社や製品の「強みだと思うこと」「好きなところ」「お客様に喜んでもらっていると思うところ」を書き出します。社長だけでなく、社員全員、アルバイトや現場のスタッフにも書いてもらいましょう。実際にお客様に入ってもらうと、さらに効果的です。

できれば1人10枚以上、合計で100枚以上集まるのが理想です。書いたものは一人ひとり読み上げていきます。「そんな強みがあったのか」「現場ではお客様にそのように喜んでいただいたのか」といった意外な発見があるものです。

ステップ2 競合他社との類似点を見極める

ステップ1で集めた紙の中から、ライバル社と似たような価値を見つけ、脇に置きます（捨てる必要はありません）。「おいしいと思っていたけれど、他社も同じようなものか」「国産原料使用を謳っているけれど、他社も同様だった」などの発見があり、一定の枚数が脇に置かれるはずです。

ステップ3　お客様とは直接関係のないものを除く

残っている紙の中に「社長の顔が業界に広い」「社風がいい」など、お客様と直接関係のないものがあれば、取り除きます。

こうした作業を行った結果、残った紙に書かれているものこそが、自社独自の価値なのです。

ユーザーが求める価値をパッケージで表現

自社独自の価値を見つけ、それが「お客様の求める価値」に合うものであれば、今度はそれをパッケージで表現しましょう。

自分の仕事に誇りをもっている職人さんなど、「いいものさえ作っていれば売れる」「食品は味が命、それがすべて」と思い込んでいるかたもいますが、決してそれだけではありません。むしろ消費者は、別のところに価値を求めている場合が多いのです。第1章でふれたように、土産物なら「おいしさ」よりも「配りやすさ」を求めているかもしれません。実際、最近はほとんどの土産物のお菓子は集合包装ではなく、個包装になっています。

さらに「そこへ行った証拠になる」ことも重要です。パッケージに「○○銘菓」や「○○に行ってきました」と地名を入れた文字が踊っていたり、観光地の写真をあしらったりと、工夫を凝らしています。

「話題にできるお土産」というのも、お客様が求める価値です。東京都北区の和菓子店「菓匠明美」は、東京で唯一の路面電車である都電荒川線が走る場所にあります。ここで販売している**「都電もなか」**は、路面電車をかたどったもなかが、同じく路面電車のパッケージに入っています。パッケージは7種類あり、10個入りの箱は車庫に、14個入りの箱はふたが都電の路線図すごろくになっています。土産話に花が咲くこと請け合いですね。

日常食品であれば、「使いやすさ」に価値を求めることもあります。エバラ食品工業の**「プチッと鍋」**シリーズがその一例です。普通、鍋のだしは「4～5人前」あるいは「200㎖」といった容量で販売されていますが、「プチッと鍋」は1人前ごとにポーションに入れ、使い勝手のよいパッケージになっています。

日清フーズは、袋入りが当たり前だった小麦粉のパッケージを一新し、ボトル入りの**「クッキングフラワー」**という製品を発売。塩やコショウのように手を汚さずに使えるとあって大ヒット商品となりました。

このように「お客様が求める価値」を徹底的に調べ、考えることで、それまでとは違った価値に気づくことができます。それをパッケージに反映して、お客様に新しい価値を提供するのです。

お客様の思いもよらない価値を提案する

お客様が「求めている価値」を提供することに加え、「思いもよらない価値」を提案するのもポイントです。

代表的な例を2つご紹介します。

消費者の多くは「地球環境活動に貢献したい」という潜在的な価値をもっています。しかし、その思いを表現したり行動に移したりすることは、なかなかできないものです。

日本コカ・コーラが2009年に発売した天然水「い・ろ・は・す」は、「おいしさも環境も大切にする水」をテーマに掲げました。ネーミングの由来は、健康や環境を志向する「ロハス」と、国産であることを想起する「いろは歌」をかけたもの。

またペットボトルの原料を極力抑え、資源保護にひと役買っています。ボトルが薄手になったことで、飲んだ後は絞って捨てられるようになり、ゴミの減量化にもつながりました。

お客様は「い・ろ・は・す」を購入するだけで「地球環境活動に貢献する」という、思いもよらなかった価値を手にすることができたのです。

味で差別化するのが難しい「水」に価値をもたせた「い・ろ・は・す」と同じように、「米」に価値をもたせた商品があります。

石川県羽咋《はくい》市の「**神子原米**《みこはらまい》」は「ローマ法王献上米」と銘打って、「著名人が食べた」という価値をもたせることに成功しました。

仕掛人は当時羽咋市の臨時職員だった高野誠鮮《じょうせん》さん。町おこしの一環として、神子原米をブランディングしようと考え、「誰もが知っているかたに食べてもらおう」と、天皇陛下への献上を試みます。しかし、献上米制度というものがあり、何年も待たなければならないため断念。

次に、〝米の国〟アメリカ（米国）の大統領に献上しようと考えますが、打診をしてもいっこうに返事がなく、こちらも断念。それならばと、米の名前に〝神の子〟がつくことから、ローマ法王に献上しました。これが奏功し、「日本初のローマ法王献上米」として新聞や雑誌など多くのメディアに取り上げられ、人気が沸騰しました。通常は1俵1万3000円程度の米が、4万2000円の値がつくほどになったそうです。

case 1
時代に即したパッケージ戦略で業績100億円突破　さとの雪　豆腐

徳島県の「さとの雪」は、味だけでなく、さまざまな角度から「お客様が得られる

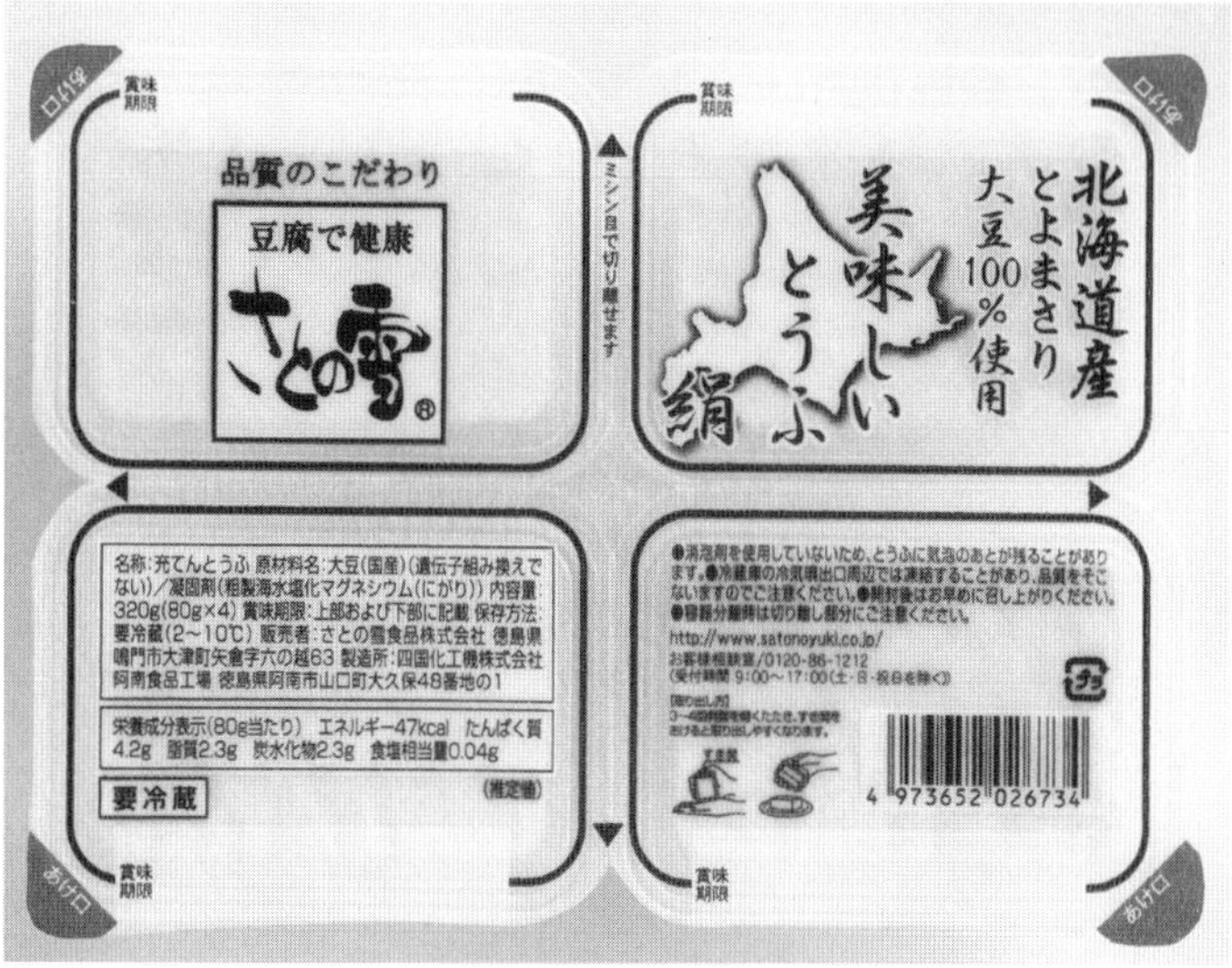

3－1

価値」を創造する会社です。

同社は1999年にいち早くお客様の「個食ニーズ」に応え、主力商品の豆腐を2パック、4パックに小分けして発売しました（写真3―1）。

「パックから出して、いちいち包丁で切らなくてもいい」「食器を洗う手間が減る」「食べ残った分をラップで包んで冷蔵庫に戻すのが面倒だったので助かる」といった価値をお客様に提供しました。

これが大ヒットとなり、さとの雪は売上を大きく伸ばしたそうです。もちろん他社が黙って見ているはずもなく、同じような商品が続々と出てきま

3－2

す。すると同社は、次なる価値の創造に取り組みました。

そうして2010年に発売したのが、写真3―2右の「**鍋八**」です。冬の鍋料理向けに開発されたこの商品、8つにカットした状態でパッケージに入っています。加えて鍋つゆがよくからむよう、切り口が波型になっているのです。

さらに翌年には、冷奴向けとして一食サイズにカットした「**冷六**」を発売し、こちらもしょうゆがよくからむような形状になっています。

2つの豆腐に共通するのは、食品でありながらアピールポイントを「味」ではなく、「包丁いらず」「鍋つゆやしょうゆがからむ」という、他社が提供できないところに置いて、それをパッケージで表現している点です。

こうして、新しい価値の提供を探求し続ける同社は、ついに100億円の売上を達成するに至ったのです。

同社ではそれ以前、1990年に業界の常識を覆す紙

3－3

パック入りの豆腐を発売しています。光や酸素を通さない特殊紙容器を使い、独自の製法によって仕上げた豆腐は、「開けたときに出来立ての味が楽しめる」という価値を生み出しました。

この技術をさらに向上させ、1992年に発売したのが**「四季とうふ」**です。独自の豆乳殺菌法により、保存料を使わずに「賞味期限180日」（要冷蔵）という、豆腐業界ではあり得なかった長期保存を実現したのです。

2018年には厚生労働省によって豆腐の規格基準が改定され、「四季とうふ」のような無菌充填豆腐は常温での流通が可能になりました。今後は「災害備蓄食品」としての価値も提供できる可能性が高まっています。

case 2

地元のイベントをパッケージに盛り込んで売上1・5倍！

ハレルヤ　夏季限定　金長まんじゅう

土産物に求められるのは、「ご当地感」であり、「旅行に行った思い出」などをパッケージで語れる仕掛けがあれば、なお購買意欲をそそるでしょう。定番の銘菓もいいものですが、買い手の優先順位は「おいしさ」より「旅行に行ってきたという証明になるもの」「地元に帰って話のネタになるトークグッズ」のほうが高いのではないでしょうか。

徳島県には**「金長まんじゅう」**という銘菓があります。この「金長まんじゅう」と、同シリーズの**「金長ゴールド」**が各5個、計10個入った「詰10」と呼ばれる商品があり、写真のパッケージで約40年間販売されています（写真3―4）。

地元県民にはおなじみのパッケージで、ひと

3－4

目見ただけで「詰10」とわかるほどですが、県外から来た人にはわかりません。つまりこのパッケージでは、土産物としての魅力・インパクトに欠けるということです。

2018年、製造・販売元のハレルヤから当社に「詰10を夏季限定のパッケージで売り出したい」という企画提案依頼がありました。打ち合わせの上、徳島の夏といえば「阿波踊り」となり、大きく踊り子をデザインしたパッケージで販売しました（写真3―5）。

発売期間は7月中旬から、阿波踊りが終了する8月中旬までの約1か月間限定です。この時期は徳島最大の観光シーズンであり、県外から訪れる人の大半は阿波踊りの観覧が目当てです。

ねらいどおりこの期間限定パッケージは、観光客のニーズに合ってヒットしました。前年2017年7月同期間の売上が4000セットだったのに対して、2018年同期間は6000セット、1・5倍の売上を達成したのです。

観光客に加え、地元の人が県外に出張に行くときなど、「徳島の夏といえばやはり阿波踊り」と購入したケースも多かったようです。

また、期間限定パッケージにしたことで「ハレルヤが夏季限定で阿波踊りパッケー

月に浮かれて阿波の夏
阿波銘菓
金長まんじゅう
金長ゴールド
阿波徳島にうまいもんあり
ハレルヤ
since1937

3－5

ジの金長まんじゅうを発売」と、地元の新聞などに取り上げられ、売上増にひと役買ってくれました。ほか、パッケージデザインに採用した阿波踊りの連（チーム）がInstagramで紹介したことで、多くの反響がありました。

このように、時期に応じてお客様の求める価値が変わることもあります。それをパッケージで表現することで、購買意欲が高まったり、メディアなどに取り上げられたりするきっかけになるのです。

case 3

シーンを絞ったら赤字商品が爆売れ！　山川町生活改善グループ　甘酒

飲食物をPRする際、おいしさを前面に打ち出したフレーズを使っても効果はありません。消費者にとって、おいしいのは当たり前だからです。

味をアピールするよりも、どんなシチュエーションで、どんなふうに食べたり飲んだりすればよいのか、具体的に提供すると効果的な場合があります。

徳島県吉野川市の「山川町生活改善グループ」は、シーンを絞って伝えることでヒット商品の開発に成功しました。

同グループのリーダー中川成子《しげこ》さんはかつて、主力商品である「甘酒」の売上が伸びないことに悩んでいました。

「こんなにおいしいのに、なんで売れないんだろう」と、何度も品質改良を重ねましたが、売上には結びつきません。

悩み抜いた末、パッケージをリニューアルしたい、と私を訪ねてこられました。甘酒は主にどんな人に、どのようなシーンで飲まれているのだろうか。中川さんを通してリサーチしたところ、意外なことがわかりました。朝飲んでいる人が多かったのです。調べてみると、甘酒はブドウ糖を多く含み、脳のエネルギー源として、また疲労回復効果に優れていることから、「飲む点滴」とも呼ばれ、朝食代わりに飲むととてもいいことがわかりました。

そこで思いきって朝の一点にシーンを絞り、ネーミングを変更しました。

その名も**「慌ただしい朝に天然チャージ 朝飲む麹 つぶつぶ麹甘酒」**。また、それまでは500㎖と1ℓの2種類のパッケージしかありませんでしたが、「朝飲む麹」は250㎖の飲み切りサイズとしました。

3－6

現在、定期販売は行っていませんが、地域のイベントやマルシェなどに出品しています。そして「飲み切りサイズで便利だから」と一度購入した人が、甘酒の味や効能を知り、５００㎖、１ℓの従来品を購入するというリピートにもつながっています。また、スポーツイベントなどにも出品しているため、スポーツマンにも愛飲家が広がっています。

このように、「お客様がこの商品で、どんなシーンで、どんなときに、どんな価値を得るのか」を考えると、ヒット商品の開発につながっていきます。

case 4 パッケージと売り場を変えたら3倍の価格でも売れた!

ギノーみそ　インスタントみそ汁

インスタントみそ汁といえば、スーパーやコンビニで販売するのが一般的です。これを土産物として売り出したい、と考えたのが愛媛県にある「ギノーみそ」の田中正志社長です。とはいえ、スーパーで販売している商品をそのまま土産物屋に置いても、土産物を求めて来店した観光客が手を伸ばすことなど期待できません。

お客様が求めている価値は「松山に行ってきた」「道後温泉につかった」という事実を証明することなのです。

そこで、同県を代表する観光地の写真を全面に配したパッケージを制作し、「美味しいおみそのおすそ分け」「愛媛の思い出をお届けします」というメッセージをあしらいました。パッケージは「道後温泉」「松山城」「しまなみ海道」の3パターン。これで「愛媛県に行ってきた」ということを、この商品を通して語ることができます(写真3―7、8、9)。

愛媛限定
伊予のみそ
即席みそ汁
美味しいおみそのおすそ分け
道後温泉
愛媛の思い出をお届けします
ギノーみそ

3－7

愛媛限定
伊予のみそ
即席みそ汁
美味しいおみそのおすそ分け
松山城
愛媛の思い出をお届けします
ギノーみそ

3－8

愛媛限定
伊予のみそ
即席みそ汁
美味しいおみそのおすそ分け
しまなみ海道
愛媛の思い出をお届けします
ギノーみそ

3－9

さらにパッケージ裏面にもひと工夫。宛先と差出人、メッセージを記入する欄を設け、定形外郵便料金の140円切手を貼ればそのままポストに投函できるようにしました（写真3―10）。

この商品は1箱2食入り270円で販売されました。スーパーで販売している大袋入りのインスタントみそ汁は、2食換算約94円です。中身はまったく同じみそ汁ですが、約3倍の価格です。田中社長は「高く設定しすぎたのではないか」と心配していましたが、観光客の反応はまったく逆でした。

「こんなに安い土産物があるなんて！」

人は、置かれた状況と立場によって、金銭感覚が異なります。スーパーを訪れたときは1円単位でチェックしますが、観光客として土産物屋を訪ねたときは、1個のお土産に500円程度の予算を設定しています。そこへ270円の土産物があると知れば、通常の3倍の価格設定でも、安く感じるのです。

この商品には思わぬ波及効果もありました。受け取った人が「郵便受けにこんなも

3－10

のが入っていた！」と驚き、SNSにアップする人が続出しました。そうして情報が拡散され、ヒット商品になったのです。

郵便で送れるお土産という、「思いもよらない価値」を提供する商品の好例といえるでしょう。

第3章 ここが要の七か条

一　自社にしかない価値が必ずある

二　ユーザーが求めている価値を探る

三　思いもよらない価値を提供する

四　時代の変化に応じてパッケージを変える

五　季節やイベントを使用したパッケージングは効果大

六　ユーザーが消費するシーンを絞ってアピール

七　「売り場」や「売り方」を変える発想もポイント

第4章
パッケージで価格競争地獄から脱出

安売りは負のスパイラルを生む危険も

市場には安売りがはびこっています。開店・閉店セール、リニューアルオープンセール、周年セール、感謝祭などのほか、タイムセールや先着○名様限定、といったさまざまな手法や名称の安売りが行われています。安売りには消費者の足を店に向けさせる効果がありますが、消費者がこれに慣れてしまうと、「定価で買ってもらえなくなる」というリスクがあります。

あるパン屋で起きた話ですが、そこは火曜日が定休日のため、毎週月曜日に「全品20％引き」で販売していました。定休日の前日にすべて売り切ってしまおう、という考えです。ねらいは見事に当たり、月曜日は大繁盛。しかし、月曜日以外はまったく売れなくなってしまいました。

そう、みんな安売りに慣れてしまい、定価を「高い」と感じるようになってしまったのです。

パン屋は「月曜日だけ特別に20％ＯＦＦ」という考えですが、消費者にとっては「月曜日以外は20％高い」ととらえてしまうのです。

こうなると、もう定価で販売することはできません。常に安売りしなければ「高い」とクレームを受けてしまうことさえあります。


また、例えば営業マンが顧客から「安くしないと買わない」と値引き要求をされたとします。営業マンは「では今回に限り20％ＯＦＦで」と仕事を受けます。すると顧客にとってはその価格が基準になります。次回以降も20％値引きしなければ納得してくれません。

結果、20％ＯＦＦを継続する、その条件が飲めなければ契約が打ち切られる、と安売りをしないと生き残れない体質になってしまうのです。

こうした事態を招かないためには、価格以外の価値を作り出していく必要があります。

安売りが招く「猜疑心の証明」

安易な安売りは、さらなる悪循環を引き起こすことがあります。

例えばパソコンやスマホで出張先のホテルを探しているとします。軒並み1泊1万5000円以上する中で、不意に「4500円」というホテルを見つけたら、迷わず予約するでしょうか。「こんなに安いのには何か訳があるんじゃないか」とためらってしまうのではないでしょうか。

同じように、普段は2000円の商品が1000円で売っていたとします。見た人は「安い」と感じるのとほぼ同時に、その理由を考えます。「実はこの商品は古いんじゃないか」「売れ残って困っているのではないか」「原材料を安いものに変更したんじゃないか」など、ネガティブな要因を推測するのです。

それでもその人は、「半額だから、まあ買ってみようか」と購入します。しかし、その商品に対してすでに猜疑心を抱いているので、ほんの少しでも不具合があれば

「やっぱり商品が古いからダメなんだ」となり、自分が抱いた猜疑心が間違いでなかったことが証明されたと感じるでしょう。

私の知り合いの自動車屋で、通常は4000円のオイル交換を、特別に1000円で行った期間があったそうです。「まずオイル交換で来店していただき、ほかのサービスを購入してもらおう」というねらいがあったのですが、ほとんどの人がオイル交換しかせずに帰ってしまいました。おまけに通常のオイルを使っていたにもかかわらず、「安いのには理由があるはず」と猜疑心を抱かれてしまい、「エンジン音がいつもと違う。オイルのせいだ」といったクレームが多数寄せられたそうです（価格を元に戻したとたんにクレームはなくなったそうです）。

少しでもお客様に喜んでもらおうと、がんばって値段を下げたことが、完全に裏目に出てしまった典型です。

安売りせずに消費者を惹きつける仕掛け

店頭や売り場で「30%OFF」「4割引き」「半額セール」などの安売りの文字を目にすることは珍しくありません。もう消費者は慣れきっていて、30%程度の安売りでは簡単に飛びつきません。

2002年にANA（全日空）が行った「楽乗キャッシュバックキャンペーン」は、日本全国どの便の利用でも、50人に1人が無料になる、というものでした。もし当たったら、と考えると誰もがワクワクするキャンペーンです。当時はSNSという言葉さえありませんでしたが、今ならブログやFacebook、Twitterなどに投稿する当選者が多いことでしょう。結果的にANAの宣伝にひと役買うという寸法です。

しかし、冷静に考えると「50人に1人無料」は、単純計算で「2%引き」と同じ値引き率ですね。スーパーで「2%引き」とあってもうれしくないのに、この違いは何でしょうか。

ひと言でいえば「価値」です。「2％引き」は「売り手側が提供する価値」です。しかし2％ではほとんど魅力を感じません。対して「50人に1人無料」は「お客様が得られる価値」です。わくわく感・期待感が得られます。

企業側が負担する金額は同じ2％でも、一方は見向きもされず、一方は注目を集め喜ばれる。安売り・値引きはお客様の価値にマッチしてこそ効果的だということがおわかりいただけたでしょう。


岐阜県に「養老軒」という和菓子店があります。この店の名物は**「ふるーつ大福」**で、その名のとおりフルーツがぎっしり入っている大福です。パッケージに使われている台紙には、両目をぱっちり開いたキャラクターの「小福ちゃん」が印刷されています。そのうち、何分の一かの割合で「ウインクした小福ちゃん」が印刷された台紙が入っています。これが出ると、もう1つ大福がもらえるという仕掛けです。

この企画が人気を呼び、当たった人もはずれた人もブログやTwitterなどSNSで発信し、それが呼び水となってさらに人気が上昇したそうです。

値引きに頼らなくても、ほかにない付加価値を提供することで顧客満足度を上げることができます。そうしたアイデアを考えるのも楽しいものです。

case 1 新しい市場を作り、新しい用途を生み出す　くりや　オコメール

価格競争に巻き込まれることの多い「お米」を売る場合、あなたならどのような販売戦略を立てますか？　普通、お米のパッケージといえば、2kg、5kg、10kgと、キロ単位で販売されています。これを「1合」「2合」と合単位で販売するだけで差別化を図ることができ、価格競争から少し脱却できます。キログラム表示ではなく「合」とすることで、計量の手間を省く「利便性」を提供できるからです。

ふだんお米を買う人なら「だいたい1kg300～400円くらい」という感覚があると思います。しかし、1合に換算するといくらになるか、わかる人はそう多くないのではないでしょうか（1合は約150gですから、およそ45～60円です）。わからないため、消費者は価格よりも利便性に惹かれて購入するのです。

このように、価格競争から抜け出す手段としてパッケージの「単位」を変えてみる

4－1

のも有効です。

その上、パッケージにも工夫を加え、新しいお米の価値を作り出した会社があります。香川県の「くりや」という米穀卸売業です。ここで生産している「**オコメール**」という名のお米のパッケージが個性的です。写真4―1は「**阿波美人**」（JAアグリあなん）という商品です。

このパッケージ、厚みが1合で10㎜、2合で17㎜と非常に薄く、メール便で送ることが可能です。さ

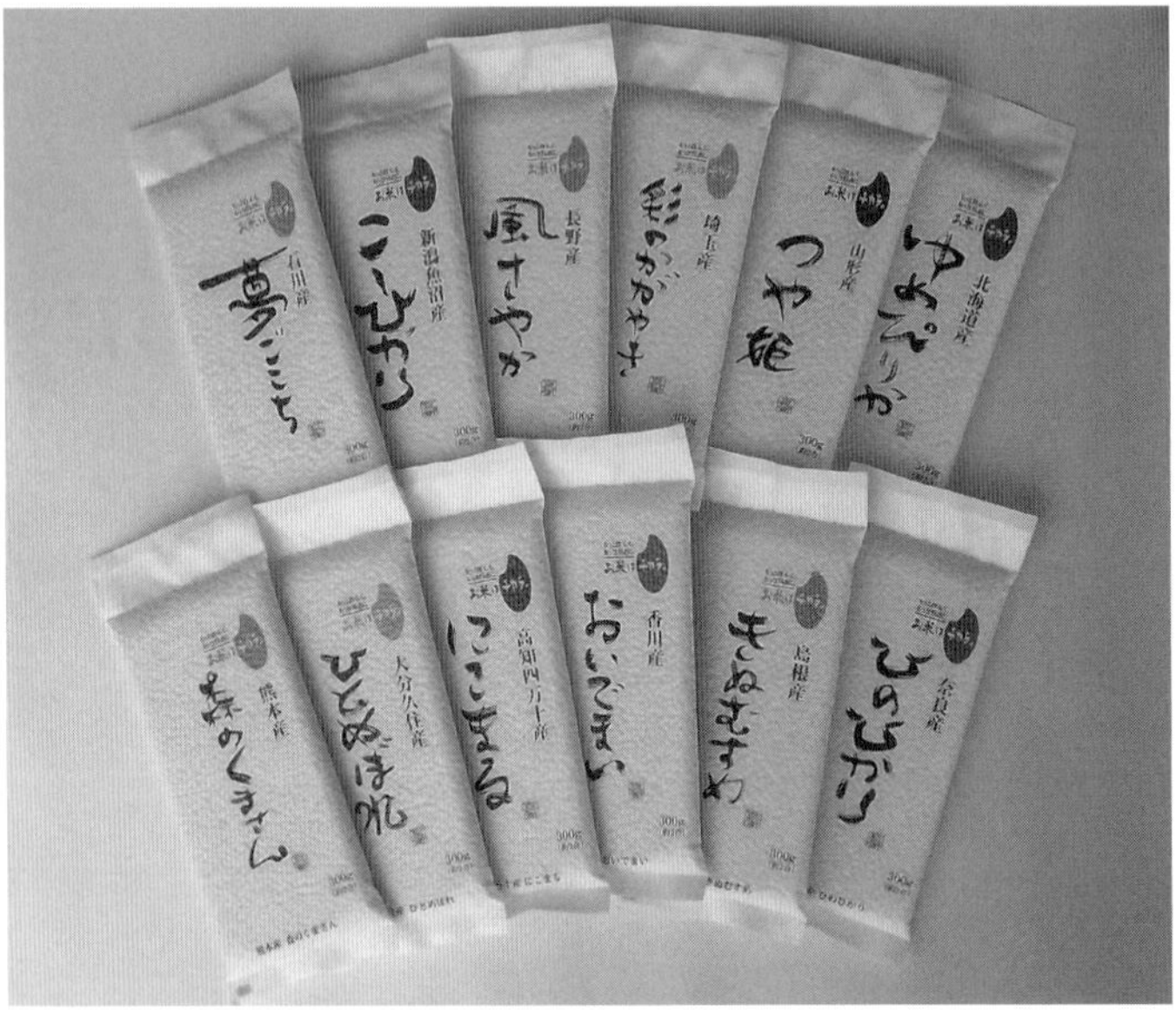

4－2

らに前面に広いスペースが取ってあり、パッケージデザインの自由度が高いのも特徴です。

そして、全国47都道府県の個性豊かなお米を、パッケージに入れて販売するに至りました。このパッケージのおかげで、スーパーだけではなく、生活雑貨店で販売されることもあり、自分の出身県のお米を探して喜ぶ人も多くみられました（写真4―2）。

ほかにも、パッケージを変えることで、お米の価値をまるで変えてしまった例があります。

4－3

店や企業などでの新任挨拶や、感謝祭などでオコメールを配ったり、販促物として使ったりと、食べるだけではない「価値」を生み出しました（写真4―3）。

同社の徳永真悟社長は、オコメールを開発したことにより、生活雑貨店や、土産物店への販路開拓ができ、さらには企業のノベルティという新しい市場を生み出すことができた、と語ります。

case 2

戦う土俵を変えて価格競争との決別に成功　宮﨑本店　シャリキンキンミヤ焼酎

同じ商品を、同じ売り方で、同じお客様に売るとしたら、お客様が比べるところは「価格」以外になくなってしまいます。その結果、価格競争が起こります。

三重県の宮﨑本店は、**「シャリキンキンミヤ焼酎」**という商品で価格競争から完全に脱することに成功しました（写真4―4）。

通常、焼酎はビンや紙パックに入っていますが、この商品は飲み切り90㎖のスタンドパウチ型パッケージに入っています。そして、24時間冷凍庫に入れておくとシャーベット状になり、食感も楽しむことができます。「凍らせておいしい」という新しい発想です。

これで1本税込104円と聞けば、たいていの人は「安い」と感じるのではないでしょうか。しかし、実は相当割高な商品なのです。例えば価格競争でしのぎを削る4ℓ入りの焼酎であれば、1480円、1580円といった価格で販売されています。ディスカウントの激しい売り場ではさらに安い価格設定がなされています。4ℓ

凍らせておいしい
シャリキン®
登録商標
キンミヤ焼酎
品質本位
純良焼酎
PRODUCED BY MIYAZAKI CO.,LTD.
20%
焼酎甲類 90mℓ
お酒
4－4

１４８０円とすると、90㎖あたり33〜34円になります。シャリキンキンミヤ焼酎のおよそ３分の１の価格です。

かつては同社も「同じ４ℓの焼酎」を「同じ量販店」に「同じ酒飲み」を相手に販売していました。当時は競合他社との価格競争で疲弊しきっていたそうです。

この状況を脱すべく、当時代表取締役を務めていた宮崎由至さんは「違う商品を、違う売り方で、違うお客様に売ろう」と大きく舵を切りました。

そうして「シャーベット状で飲む新しい焼酎の飲み方」を提案し、飲み切りサイズのパッケージで売り出したシャリキンキンミヤ焼酎。「オシャレにお酒を飲みたい」という人をターゲットに、主にネット販売でファンを拡大しています。

価格競争から目を背け、独自の価格設定で新規顧客を開拓した、理想的な商品開発といえます。

case 3 競合他社と異なる価値を伝え、利益率改善 日置食品 国産大豆しか使わない豆腐

商品そのものの価値や、競合商品との違いをしっかりとお客様に伝えることができ

れば、無理な安売りをしたり、大容量にしたりしなくても受け入れてもらえるものです。

島根県の日置食品は、地元で人気の老舗豆腐店です。２０１９年全国豆腐品評会中国四国大会の「絹ごし豆腐部門」で銀賞を獲得するなど、品質は折り紙つきなのですが、パッケージに課題を抱えていました（写真4―5）。

日置さんが挙げた課題は2点でした。

①もめん、絹、おぼろのパッケージでブランドが統一できていない

②他社と似たような豆腐のパッケージである

4－5

この課題を解決するため、競合他社との違い、日置食品ならではの特徴を探しました。そして、次の2点をパッケージで強調することに決めたのです。

①国産大豆しか使っていない

これが日置食品最大の特徴です。基本的に多くの豆腐屋は、国産大豆も外国産大豆も使用するのですが、外国産大豆は一切使わないのです。

②「荒神の名水」使用

地元の競合他社が「手作り」や「豆」のこだわりを伝えていたので、日置食品では「水」にスポットライトを当てました。水のよさを伝えている豆腐屋が意外に少なかったのです。

そして仕上がったパッケージが写真4―6です。

パッケージには「国産大豆しか使わない」ときっぱり明記！　「荒神の名水」で作られる、清流が育んだ豆腐であることを伝えます。従来品の日置食品の「日」のロゴを、パッケージ中心上部に残すことで、従来の日置食品のファンにもアピールしました。

もめん、絹、おぼろの3種類のパッケージは色違いで、デザインを統一し、ブランドの統一を図りました。

２０１９年11月にパッケージリニューアル後、商談に行ったところ「そのような価値のある商品なら」と、新しいスーパーとの取引が開始されるなど、確実に販路が広がっています。

また、種類によっては、パッケージリニューアルに伴い内容量を減らしているのですが、「きちんと価値が伝わる商品だから」と、従来の売り場でも認めていただき、利益率の改善につながっています。

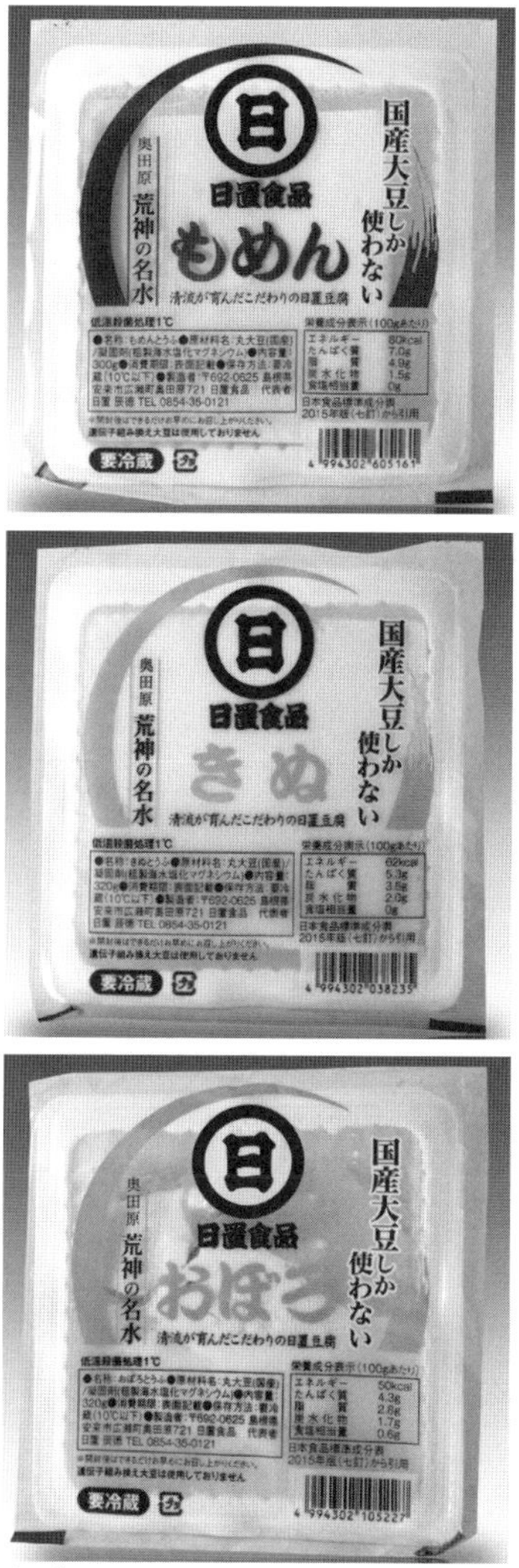

4－6

case 4

郷土の誇りをアピール！　40%値上げでも売上増　平尾とうふ店　油揚げ・豆腐

鳥取県の老舗「平尾とうふ店」はかつて倒産の危機にありました。主力商品である豆腐と油揚げの売上が減少。そこへ後継者問題が追い打ちをかけました。創業者の息子夫婦に店を継ぐ気がなく、廃業する方向で動いていたのです。

「鳥取を代表する味を作っているおじいちゃん、おばあちゃんの味を消したくない。俺が継ぐ」と立ち上がったのが、創業者の孫で当時25歳だった平尾隆久氏でした。隆久氏が社長に就任して後継者問題は解決したものの、売上の不振は続き、依然経営は行き詰まっていました。

そんなとき、「パッケージを中心とした商品ブランディングで売上を伸ばすことはできないか」と私

4－7

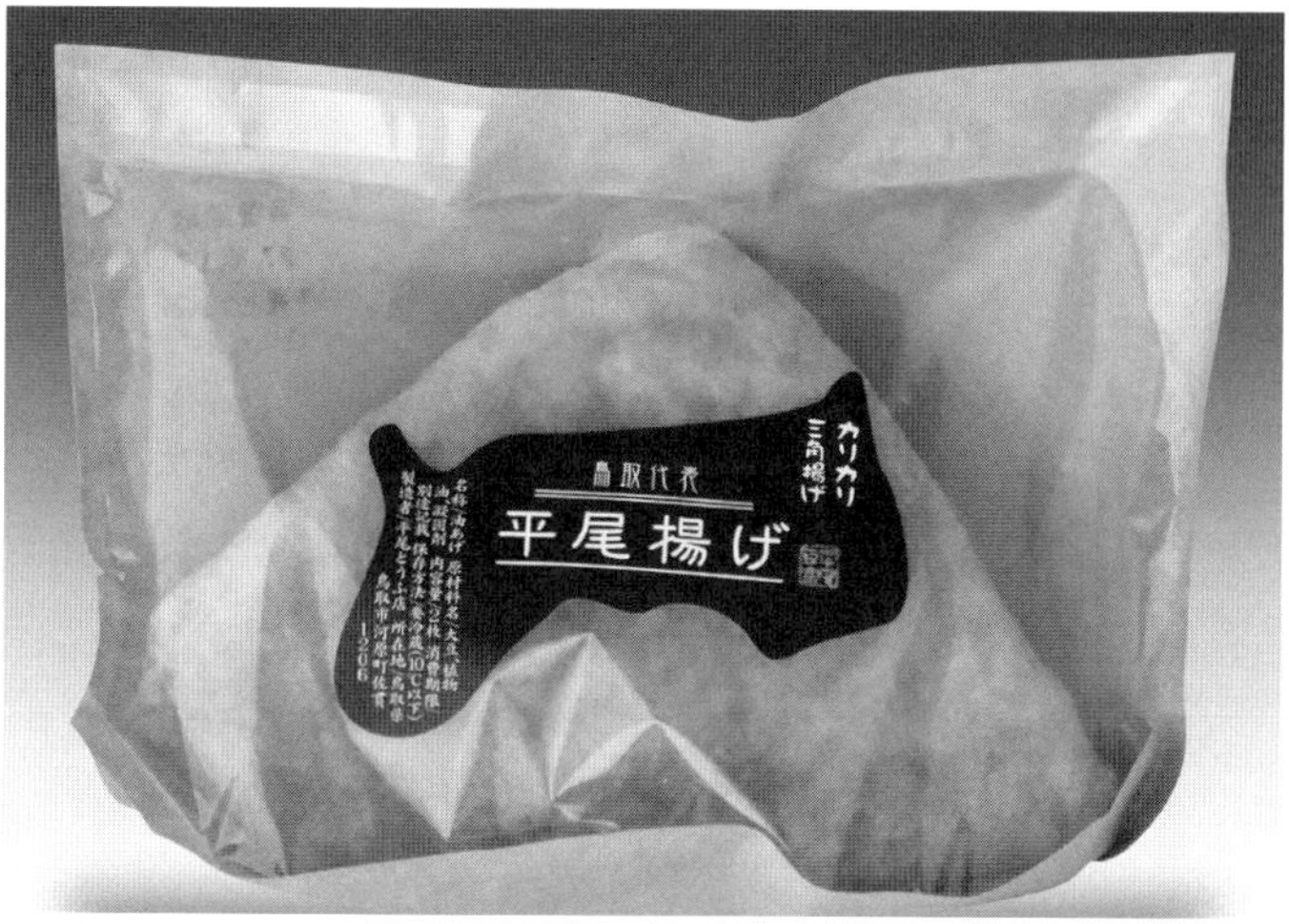

4－8

の会社に話が来て、油揚げのパッケージをリニューアルすることになりました。

それまではポリ袋に「油あげ」と書いたシールを貼るだけのシンプルなものでした（写真4―7）。

そこで「鳥取を代表するような味」という社長の言葉や思いを表現するため、「**鳥取代表　平尾揚げ**」とネーミングを改めました。加えてシールを鳥取県の形にしました。透明だったポリ袋も、表が透明、裏がクラフト地の「タートルパック」というパッケージへリニューアルして高級感をもたせました（写真4―8）。

やがて鳥取県をかたどったシールが平尾とうふ店のシンボルマークとなり、お客様に認知されるようになりました。そしてこの「鳥取代表」はさらに豆腐パッケージにも継承されます（写真4―9）。

パッケージリニューアルに合わせて味にも改良を加えたことで、評判は高まり、売れ行きが伸びていきました。油揚げは従来の200円から280円へと40％値上げしましたが、売上は1日平均270枚から330枚へと約2割増。豆腐は200円から240円に値上げしましたが、1日平均150丁から230丁へと約5割増を果たしました。

パッケージをリニューアルしたことで、平尾とうふ店を継承した社長の思い、そして味や品質の良さがお客様にしっかり伝わったのです。

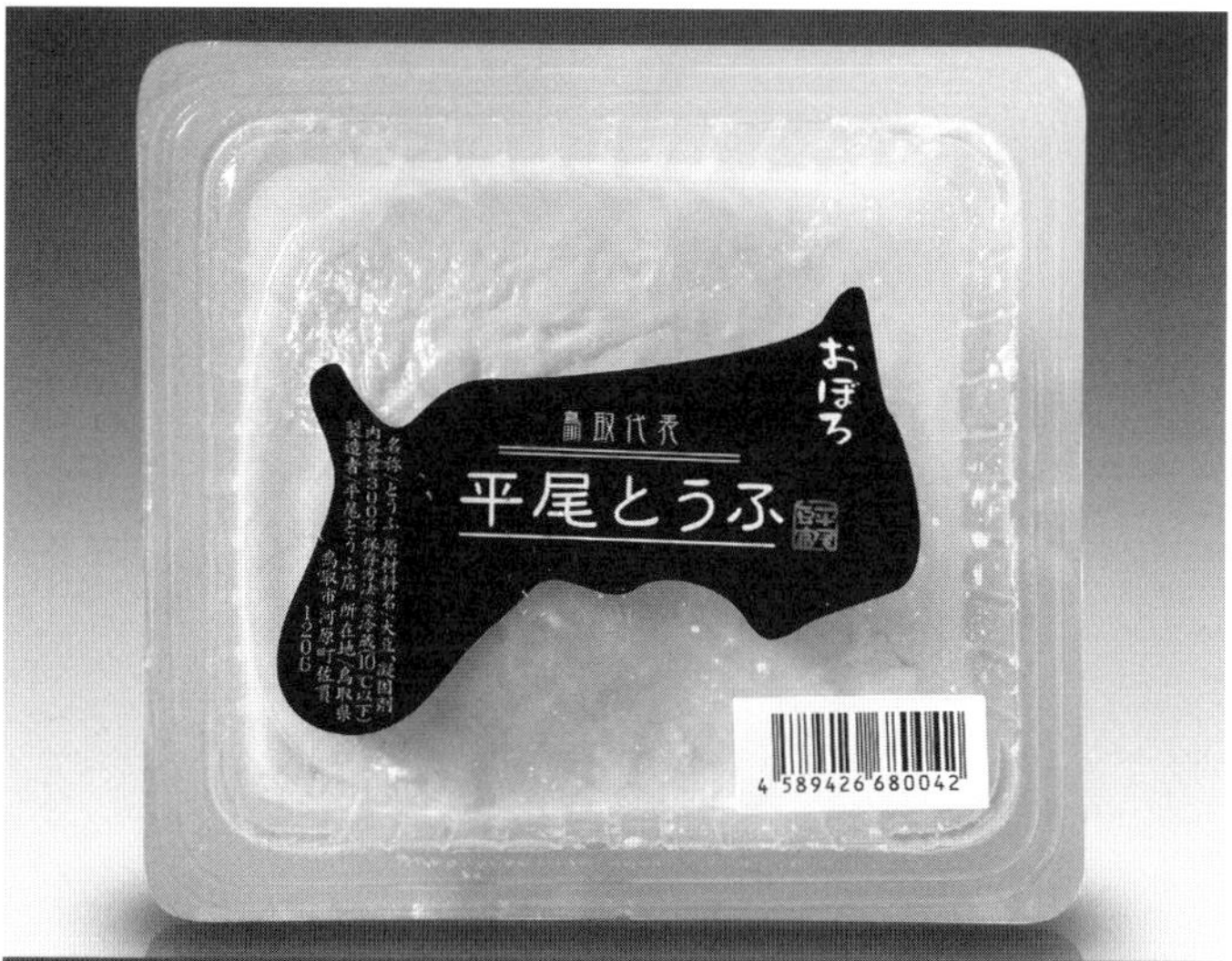
おぼろ
鳥取代表
平尾とうふ
4 589426 680042

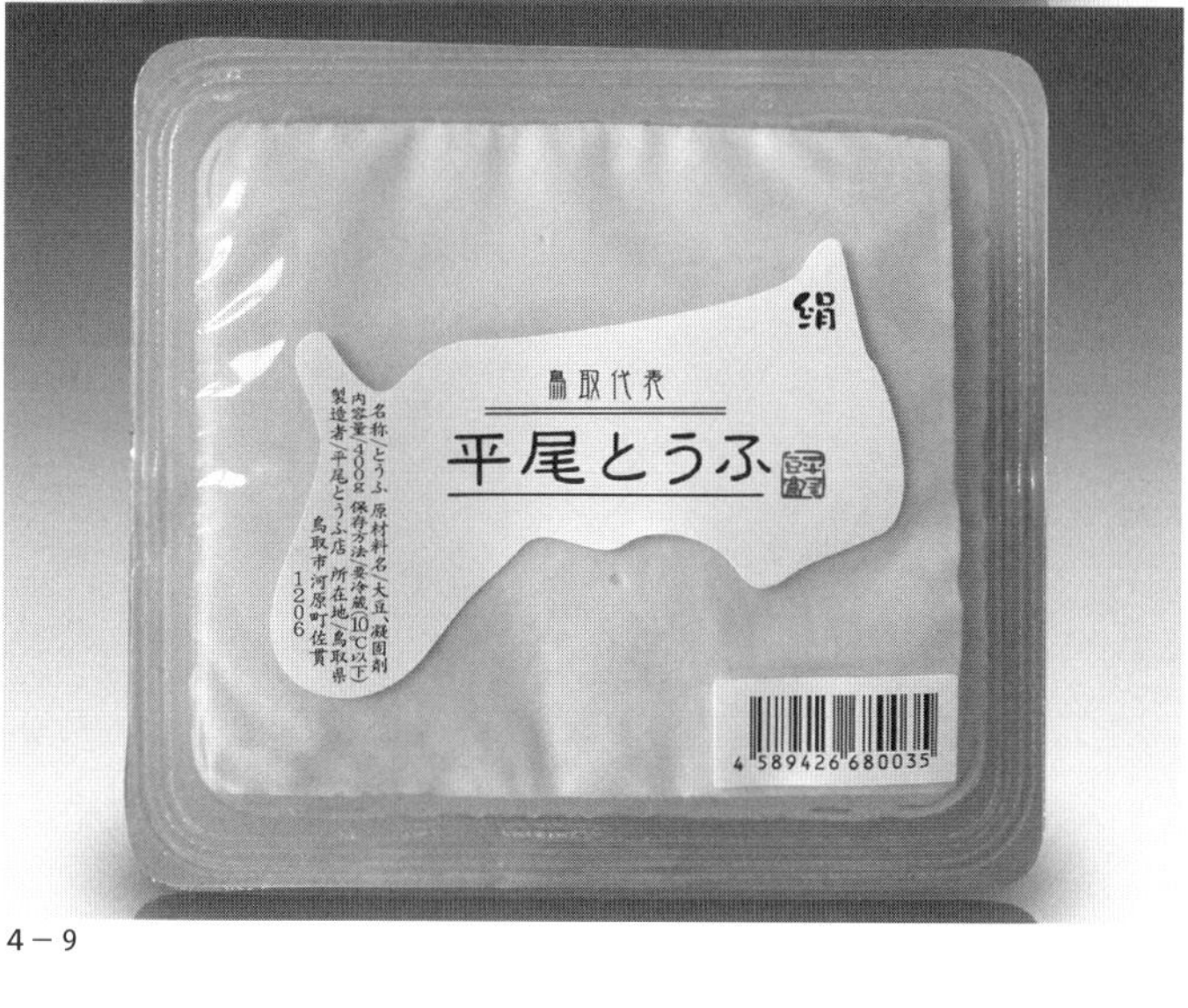
絹
鳥取代表
平尾とうふ
名称/とうふ 原材料名/大豆、凝固剤
内容量/400g 保存方法/要冷蔵(10℃以下)
製造者/平尾とうふ店 所在地/鳥取県
鳥取市河原町佐貫
1206
4 589426 680035

4－9

第4章 ここが要の七か条

一　安易な安売りは危険！

二　安売りがかえって消費者の猜疑心を招くことも

三　安売りの代わりに消費者が喜ぶ工夫を

四　パッケージを変えて新たな市場新たな用途を生み出す

五　商品の大きさや量を変えるなどして新しいシーンを提案

六　内容量を見直すことで利益率の改善を図る

七　ネーミングや形状でライバルとの差別化を

第5章
売上を伸ばすターゲットの絞り方

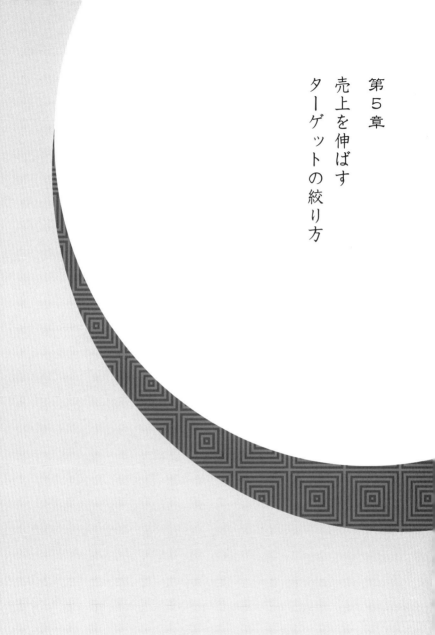

ライバルとの戦い方は恋も商売も同じ

「美しい女性を口説こうと思ったとき、ライバルの男がバラの花を10本贈ったら、きみは15本贈るかい？」

アップル社の創業者スティーブ・ジョブズの名言です。

おかしな話ですね。彼が見ないといけないのは女性であり、本来は彼女が何を望んでいるかを考えなければいけません。新しくできたイタリアンの店に行きたいのか、映画の最新作を見に行きたいのか、それともただ話を聞いてほしいだけなのか…。それを見極めて女性にアプローチしないといけないはずです。

でも、彼が見ているのはこともあろうに「ライバルの男」です。これでは女性を口説けるはずもありません。

しかし「この男、頭悪いなあ」と笑ってばかりもいられません。ビジネスの現場では、このようなことが日常茶飯事です。

例えば産直市などでよくあるのが、「うちのミカンは1個100円で売っているけれど、隣の鈴木さんのミカンが98円だから、明日から95円に値下げしよう」「田中さんがミカンを95円に値下げしてきた。じゃあうちは明日から思いきって90円にしよう」と、隣同士で値下げ競争をするシーンです。

スーパーでも、卵やビールなど「ほかのスーパーより1円でも安く」という競争が多く見られます。

男女関係において「ライバルがやっていない、意中の女性に対してできることや喜んでくれること」を考えるのと同じように、ビジネスでも「競合他社がやっていない、お客様に対してできること、喜んでくれること」を考えないといけません。

産直市の例では「昨日まではミカンをバラ売りしていたけれど、ほとんどの人は2、3個買っている。きっとご家族の分も買っているんだな。今日からは持ち帰りやすいパッケージに変えてみよう」と考え、3個入りのパッケージに変更する。これだけで提供する価値が変わります。

お客様をしっかり見て「求めている価値」を考える。それこそが競合他社と差別化した商品を生むきっかけになるのです。

TPOに合わせてパッケージも〝着替える〟

外出するときに着る服は、出かける場所や会う相手によって変えますね。ビジネスの場であればスーツ、パーティーであればドレス、スポーツならジャージ、気心の知れた友人の家に行くならジーンズといった具合です。

パッケージもいわば商品の服のようなものです。販売する場所や、買ってもらいたい人に合わせて着替えたほうがいいのです。

しかし、パッケージ開発のお仕事をさせていただいていると、「スーパーや道の駅、百貨店などで売れるパッケージを考えてください」といったご要望が多いのが現実です。お気持ちはとてもよくわかりますが、正直いって無理な相談です。

リンゴを例に考えてみましょう。スーパーのお客様の多くは主婦です。夕食のデザートとして買い求めるかたが多いでしょう。日々の家計をやりくりしている彼女たちは、少しでも節約しようと考えています。リンゴのパッケージなどなくてもかまいません。

そこにコストをかけるより、「裸」で販売してその分1円でも安くしてくれたほうがありがたいはずです。

一方、道の駅には観光客も多く来店します。リンゴを買う目的は「知り合いへのちょっとした手土産」である場合が多いでしょう。裸で販売するより、持ち帰りやすいように持ち手のついたレジ袋などに入っていたほうがよいはずです。また、1個では少なすぎるので、3個入りくらいのほうが都合がいい。

百貨店では、家庭用ではなく贈答用に購入するかたが多いでしょう。「きちんとした商品」であることをわかってもらいたいので、見た目の豪華さや重厚感が求められます。桐箱に入れて風呂敷で包むといったパッケージが喜ばれます。

以上のように、同じリンゴを売るにしても、売り場が変われば来店するお客様が変わります。購入する目的も異なります。それに合わせてパッケージまで変わるのです。

ターゲットを変えれば「水」の価値も変わる

「御社の商品は競合他社と差別化できていますか」と尋ねると、多くのかたが「うちの商品なんてどこにでもあるものだし、差別化なんて考えたこともない」と言われます。でも、果たして本当にそうでしょうか。

差別化しにくい商品の代表格といえる「水」で考えてみましょう。あなたが水を販売するとしたら、どのような価値をつけるでしょうか。味の違いをわかる人など、ほとんどいません。どこの名水でも飲んでみれば同じようなものです。さて、何に手をつけたらよいのでしょうか。

コンビニで水を買う人の多くは、「５５０㎖、１１０円」の商品を購入すると思います。しかし陳列棚をよく見ると、下のほう、端のほうには「２ℓ、１００円」の水が販売されているのです。量が多いのに価格が安いのです。

さらによく店内を見渡すと、「３４０㎖、95円」というサイズも販売されています。

明らかに割高です。

なぜこのように量と価格のバランスがちぐはぐな複数のパッケージが、同じ店内に存在しているのでしょうか。

答えは簡単、ターゲットと価値が異なるからです。

「550㎖、110円」の水は「利便性」が価値です。「片手で持てる」「持ち運びに便利」「飲み切りサイズ」などの価値です。

「2ℓ、100円」の水は重く、持ち運びが不便です。この水は「安さ」に加え「シェアできる」という価値もあります。大勢が集まるところで、コップでシェアする際に重宝します。

では「340㎖、95円」の水の価値はどこにあるのでしょうか。この商品は基本的に「常温」で販売されていて、棚には「カラダをいたわる健康生活」などと書かれています。冷え性の女性など、夏でも常温の水を飲む人が少なくありません。そんな人にとっては「おなかを冷やさない」という価値があります。また、薬やサプリメントは常温の水で飲んだほうがいいとされているので、「服用するときに便利」という価値もあります。

単なる水、同じ水でも、このようにパッケージサイズや価格を変えることで、ターゲットも、お客様が受け取る価値も変わっていくのです。

case 1　インパクト抜群のパッケージで飲食店にアピール　大市《だいいち》珍味　仕込みの達人

１９５７年創業の老舗珍味製造販売「大市珍味」の社長である西野美穂さんから、冷凍商品**「ソフトすり身」**（写真５—１）のパッケージリニューアルの依頼を受けました。

白身魚のすり身ですが、パッケージでは伝わりにくく、誰にどのような用途で使っていただきたいのかがよくわかりません。そこで、商品の特徴を聞いていきました。

まず、主な売り場は業務用スーパーであること。メインターゲットは飲食店のオーナーで、そのお客様に伝えたいソフトすり身の価値は、「大市珍味があなたに代わって料理の下ごしらえをしています。あなた

5－1

はちょっと仕上げるだけで、新メニューが一品誕生します」というものでした。きちんと商品案内を聞くと、すばらしい商品であることがわかります。

そこで、実際に業務用スーパーに出かけ、冷凍食品コーナーを調べてみました。するとと通常のスーパーとは商品の見せ方がまるで違うことがわかりました。業務用スーパーでは、ストレートに「価格とサイズと量」をアピールしているパッケージがほとんどでした。例えば「むきエビ　Lサイズ　500g」「カニむき身　1kg」など、単純に「商品と量と価格」だけの訴求で、ほかのことは一切伝えていないのです。

そこで、大市珍味がパートナーとして考えている飲食店のオーナーの悩みを、次の2点と想定しました。

①料理の手間をひと手間減らしたい

②レシピなどメニュー開発の手間も減らしたい

そうであれば、「仕込みはすでに終わっている」ということを伝えたほうがいい。また「メニュー開発にもお役立ていただけます」ということが伝わるほうがいい。さらには店頭で目に留めていただけるように、「思わず二度見してしまう」パッケージを、との観点からリニューアルを行ったのが、写真5―2です。

5－3

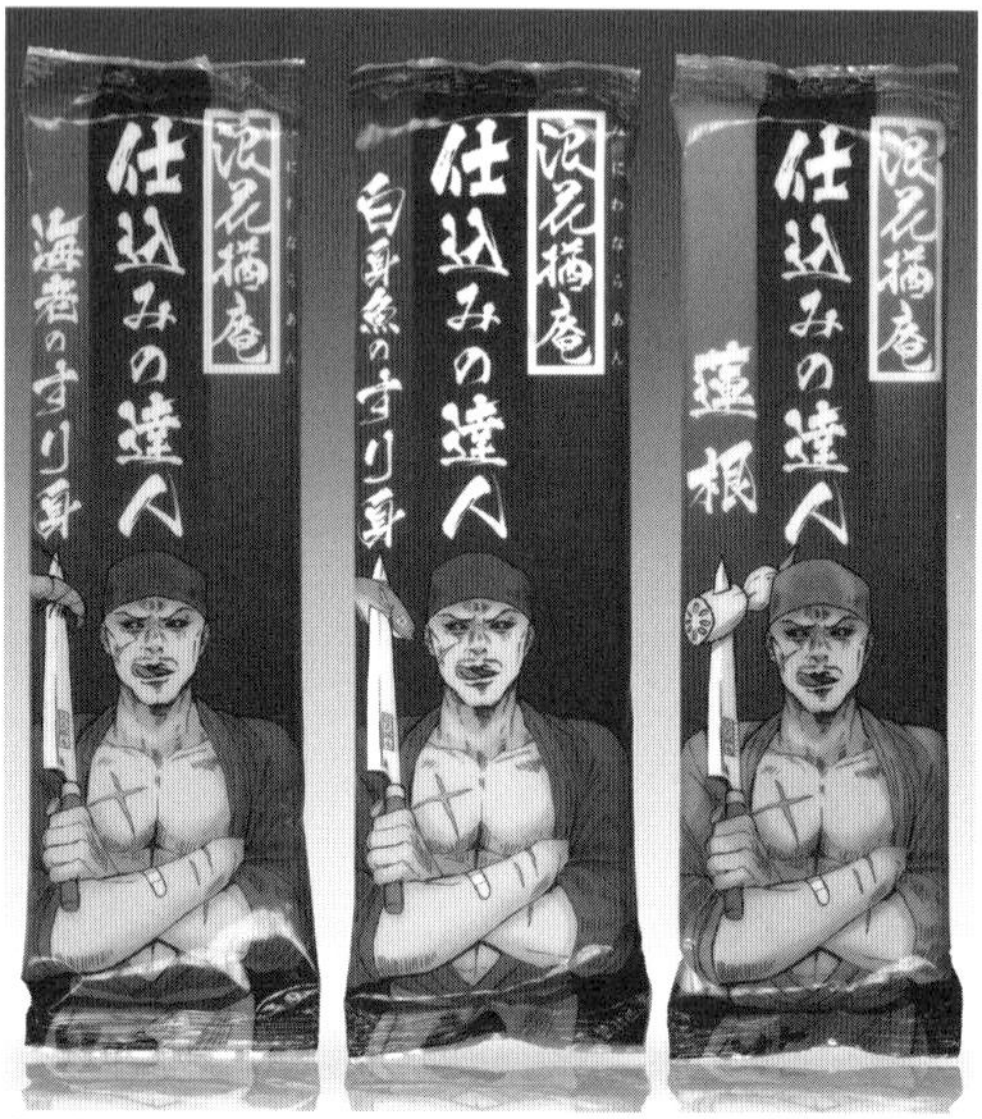

5－2

まず**「仕込みの達人」**というネーミングで、飲食店オーナーに対するメリットを伝えています。そして、料理人のキャラクター「みのる」を劇画調のタッチで誕生させました。業務用スーパーで、飲食店オーナーを二度見させるには十分なインパクトです。

パッケージ裏面には料理人みのるがほのぼのタッチのイラストで描かれ、ギャップを演出（写真5―3）。

「メニューは下記のQRを参考にしな」と、個人飲食店の難関であるメニュー開発をサポートすることを伝えています。

case 2

ターゲットを観光バスのみに絞って売上3倍！　菓舗ふくおか　阿波ういろ

徳島県鳴門市にある菓舗ふくおかの福岡賢治社長から、県最大のバスターミナルにある土産物屋「徳島県物産館」で販売している「ういろ」（一般には外郎＝ういろう）のパッケージをリニューアルし、販売を強化したいと相談を受けました。

従来のパッケージは写真の「**撫養《むや》街道**　5本入り」です（写真5―4）。

「撫養街道」というネーミングは、同店の目の前にある、鳴門市では有名な街道名から取ったそうです。

今回は売り場が物産館とはっきり決まっていたので、さっそく現地調査を行いました。同館の尾崎晴祥社長に尋ねると、以下のようなことがわかりました。

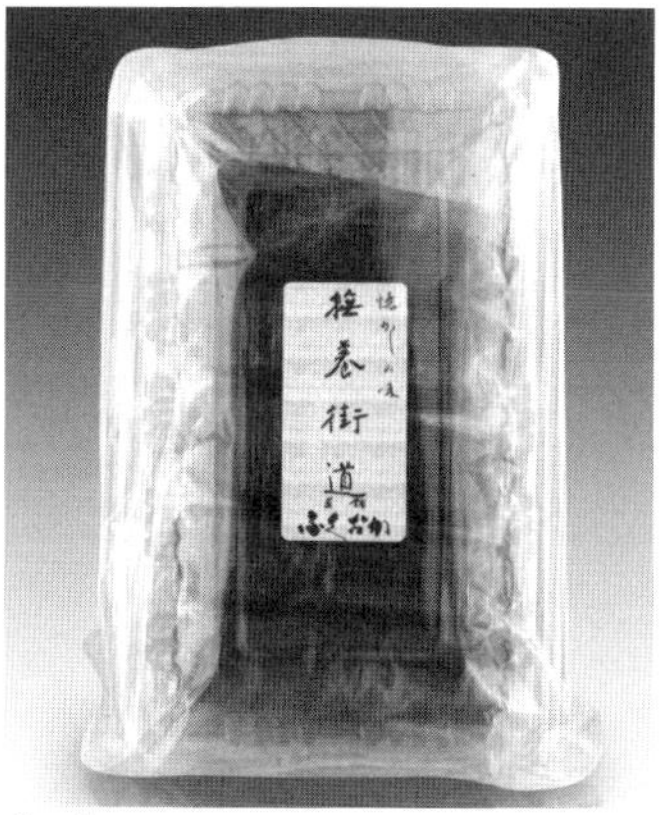

5－4

5－5

5－6

・物産館へ来るのは、県外からの観光客がほとんど

・観光客の多くはバス旅行でやって来て、バスの中で自分が食べる商品を購入する

それを考えると、従来のパッケージでは伝わらない点が浮かび上がってきます。

・「撫養街道」というネーミングでは、「徳島の銘菓である」ということが観光客に伝わらない

・自分で食べるには5本入りは多すぎる

そこで、ネーミングを**「阿波ういろ」**

へ変更するとともに、内容量を3本入りに変えました。リニューアルしたパッケージは、袋をヘッダーシールの形に変え、手に取りやすく改良（写真5―5）。

ねらいは成功し、観光バスの個人客を中心に飛ぶように売れました。人気が出たおかげで、「お土産に使いたい」という需要が生まれ、8本入りパッケージ化粧箱も発売されるに至ったのです（写真5―6）。

ケース本体にはエンボス加工（しわ模様をつける加工）を施し、さらに透明感のあるトレーシングペーパーを巻くことで、高級感を高めています。こうしたリニューアルを行ったことで、阿波ういろの売上は3倍に伸びました。

case 3 ターゲット選定の英断を機に新商品が続々誕生　日高食品工業　昆布シリーズ

日高食品工業（兵庫県姫路市）の中島祐樹さんから、「老若男女を問わず、親しんでもらえるような昆布のパッケージを開発してほしい」という依頼がありました。ただし「売り場はスーパー」ということでしたので、3タイプの主婦を想定して、中島さんと確認作業を行うことに。

5－7

5－8

①日々、昆布を使いこなしている主婦
②週末くらいは本格的な料理をする主婦
③昆布の使い方もよくわからない主婦

では、それぞれのタイプの主婦がほしがる価値は何でしょうか。

①日々、昆布を使いこなしている主婦
↓昆布の味も大事。さらに産地、品質も大事
②週末くらいは本格的な料理をする主婦
↓レシピは知っている。レアな情報がほしい
③昆布の使い方もよくわからない主婦
↓レシピも使い方も知らないので、知りたい

5－9

5－10

これを提示すると、中島さんも「老若男女は難しい」と判断し、最終的には「③昆布の使い方もよくわからない主婦」をメインターゲットに設定。

そうして出来上がったパッケージが写真5―7の**「昆布屋さんのイチ推し昆布」**です。

昆布の使い方を知らない主婦は、初めて昆布だし料理に挑戦しようとしたとき、店頭で「どの昆布を買っていいのかわからない」と不安を抱くことでしょう。そこでネーミングで「昆布屋さんのイチ押し」と伝え、主婦の背中を押します。さらにパッケージの表面にレシピを掲載することで、「ああ、こんな料理にも使えるのね」と気づいてもらえるという寸法です。

裏面には定番の「和風だしカレー」のレシピを掲載し、さらにQRコードで「昆布を使ったおばあちゃんのレシピはコチラから」と、レシピサイトへ誘導（写真5―8）。

こんなふうにターゲットを設定し、喜んでもらいたいお客様に手に取ってもらえるパッケージを制作しました。

同社ではこのほかにも、「小さなお子さんと一緒に料理をしたい主婦」に向けて「**ねぇお母さん　だしってなぁに？**」（写真5―9）、「海藻が体にいいのは知っているけど、食べてないな」と感じている人に向けては「**毎日海藻、足りてますか？**」（写真5―10）など、ターゲットに響く商品開発を多数行っています。

case 4

ターゲット層の心をつかむ工夫を随所にちりばめ売り切れ続出！

マルブン　パスタソース

愛媛県に本拠を置くスーパーフジが2017年に50周年を迎えました。それを記念して、地元の有名店や会社とコラボレーション商品を開発する企画があり、人気イタリアンレストラン「マルブン」にも声がかかり、「フジ×マルブン」コラボのパスタソースを開発することになりました。

まず、フジのパスタソース売り場を見に行くと、「**青の洞窟**」（日清フーズ）と「**予約でいっぱいの店**」シリーズ（エスビー食品）が非常に多くのスペースを占めていました。

MARUBUN
愛媛西条ナポリタン
シンプルながら
特別なクセになる味。
隠し味にみかんやレモン、
柑橘の風味をプラス。
Marubun
Kitchen
家でいただくマルブンパスタソース
トマトソースの甘酸っぱい香りが懐かしい
地元民に愛されてきた駅前ナポリタン
※調理イメージ
調理例 1人前 165g

5－11

この2社と違う特徴を出さなければいけません。喜んでもらいたいのはマルブンの常連であり、ファンである女性です。その人たちに喜んでいただくために、写真のようなパッケージを開発しました。ネーミングは**「愛媛西条ナポリタン」**です（写真5—11）。

競合商品と差別化し、お客様に喜んでもらうため、次の4つの工夫を凝らしました。

①角度

ほかのパスタソースのパッケージは、パスタを斜め上から撮影していました。そこで、マルブンパスタソースは思いきって「真上」から撮影。Instagramなどを見ていると、男性は「斜め」から、女性は「真上」から撮影する傾向があり、真上画像のほうが女性受けがいいのです。

②食材

お客様は「このパスタソースにはどのような食材が使われているのだろう」と気になっているはず。それを伝えるために、パスタの周りに使用食材を並べました。

③付箋

女性は付箋やメモ書きが大好き。パッケージに2か所、付箋を貼ったように「隠し味にみかんやレモン、柑橘の風味をプラス。」「シンプルながら特別なクセになる味。」などのメッセージを伝えました。

④ブランド

何より「マルブンファンである女性」がターゲットですから、マルブンのロゴを大胆に配置。インパクト大です！

この商品は、ほかに**「伊予国カルボナーラ」「瀬戸内ボロネーゼ」**があり、全3種類で2017年3月に販売開始。50周年限定の商品なので、1年間の販売目標は3種類×各3000個で、売り切りで販売終了する予定でした。ところが発売直後から爆発的に売れ、3か月後の5月には追加生産が決まったのです。

競合他社とパッケージの特徴をずらし、メインターゲットであるマルブンファンの女性に響く設計をすることで、1年間の販売目標をたった2か月で売り切ってしまう大ヒット商品となりました。

第5章

第5章 ここが要の七か条

一　見るべきは競合他社ではなくお客様
二　ターゲット層・売り場に応じたパッケージングを考える
三　容量や形状などを少し変えればターゲットも変わる
四　ターゲットのニーズに合わせ販売方法や容量を変える
五　何を目的に購入するかを考える
六　絞り込んだターゲットに響くパッケージ設計を行う
七　競合商品にはない価値を伝える

第６章
パッケージが変われば世界が変わる

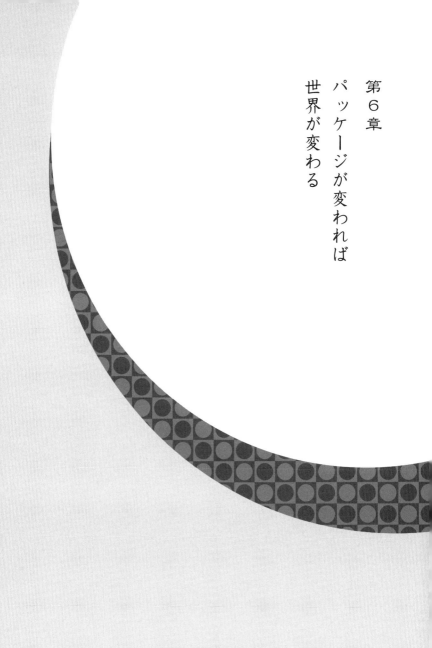

パッケージは時代を映す鏡

昭和の時代、ヨーグルトは4個入り、プリンは3個入りのパッケージがほとんどだったことをご存知でしょうか？　これには悲しい理由があります。

当時、お父さんとお母さんと子ども2人という4人家族が多く、ヨーグルトは毎朝家族4人で揃って食べていたそうです。だから4個入りパッケージでした。

では、なぜプリンは3個入りパッケージなのでしょうか。プリンは「嗜好品《しこう》」であり、家族全員で食べるのは「ぜいたく」とされていました。そこで、お父さんがいないおやつの時間に、お母さんと子ども2人の3人で食べる家庭が多かったことから、3個入りパッケージが主流になったのだとか。

時代は変わり、今は核家族や1人暮らしの家庭が少なくありません。それに応じてパッケージの入り数も変わってきました。ヨーグルトは昔ながらの4個入りもありますが、3個入りの商品が増えているのはみなさんもご存知ではないでしょうか。

スーパーなどの売り場では、4個入りの商品が減り、ベーコンや納豆、もずくなど、3個パックが多く見られますね。これも核家族が増えていることの表れです。食パンは従来の5、6枚入りもありますが、食べ切りサイズの2、3枚入りが増えているのです。

ドレッシングなどのパッケージも近年小さくなってきました。キユーピードレッシングでは2009年にはメインサイズを200㎖から170㎖に変更。さらに2014年には150㎖に変更しました。

これには核家族化以外の理由もあるようです。かつては1種類のドレッシングを家族全員で使っていましたが、今はお父さんはフレンチ、お母さんは和風玉ねぎ、娘は深煎りごまなど、一人ひとりが好みのドレッシングを使うようになりました。嗜好が多様化している時代になったのです。

ちなみに、ドレッシングは2018年以降、150㎖のビンのパッケージから、180㎖のプラスチックボトルに変わっています。従来のビンに比べ、全工程で温室効果ガスを約20%削減できることから導入されました。環境に配慮する時代だからこその変化です。

このように、時代の変化を感じながら、容量や素材を変えるなど、変化させていく必要があるのです。

「現状のパッケージが今の時代に合っているのか」考え直してみましょう。

値上げを回避するパッケージングのアイデア

パッケージによって利益率を改善したり、アップしたりする方法を考えてみましょう。例えば原材料が高騰したとき、単純に商品を値上げすることには問題があります。お客様が納得しない場合があるからです。

一番簡単なのはパッケージの紙や袋の厚みを薄くして、製造コストを削減すること。レジ袋などは時代の変化とともに薄くなっています。ただし、これには注意が必要です。単純に薄くすることで、破れたり壊れたりし、クレームが発生するリスクがあるからです。また、お客様が手に取ったときの「高級感」も失われる恐れがあります。

それが顧客離れにつながってしまったら、元の木阿弥です。

パッケージには手をつけずとも、コスト削減は可能です。

「ひっそりと内容量を減らす」方法です。大手チョコレートメーカーでは、原材料高騰の際に58gだった内容量を55gに減らして対応しました。重量ベースで約5%削減し、価格を据え置いたのです。もちろん、現実には「ひっそりと」行うことはできません。販売店などには告知が必要です。しかし、消費者にはなかなか気づきにくいレベルの削減です。

「それは卑怯だ」と思われる向きもあるでしょうが、企業として利益を出し、お客様に安定的に商品を届けるのが使命である以上、いたしかたない面もあります。

2つのパッケージを1つにする方法もあります。中小企業では、無地の既製品の袋にシールを貼って、パッケージを仕上げる手法がよく見られます。これは一見するとコストカットできているようですが、実はとても無駄が多いのです。まず、袋とシール、2つの経費がかかっています。加えてシールを貼る「手間」、さらには作業の人件費もかかります。つまり経費が三重に発生していることになるのです。

新商品の発売時は、売れるかどうかわからないため、小ロットからスタートすることがあります。このとき、前記のように汎用性の高いパッケージを使う方法も有効です。また、期間限定や数量限定の際にも有効なので、すべてを否定するものではありません。

しかし、残念ながらお客様は「シールをきれいに貼ってくれて、ありがとう」などと言ってはくれません。つまり社員にシール貼りの内職をさせるということは、「ありがとう」がもらえない仕事をやらせていることになりますね。その時間で清掃をしたり、接客技術を磨いたり、お客様とコンタクトを取ったりするほうが、売上向上に有効なのではないでしょうか。

パッケージを変えると、商品が生まれ変わる

不倫をしている夫の恋人を妻が訴えるのはよくある話ですが、「恋人」が「恋人」を訴えたケースをご存知でしょうか。北海道で有名な土産物に**「白い恋人」**（石屋製

菓）があります。これをオマージュして開発されたのが、大阪のお笑い帝国・吉本興業が手がけた**「面白い恋人」**です。２０１０年の発売以来大きな反響を呼び、大ヒット。おもしろくないのが石屋製菓で、２０１１年に吉本興業を相手取り、裁判を起こしました。２０１３年に和解し、のちに両社はコラボ商品**「Laugh & Sweets ゆきどけ」**を発売するなど、マスコミでも大きく取り上げられました。

これに端を発し、「○○の恋人」という商品が全国各地で続々と発売されました。県名や地名を入れて**「茨城の恋人」「福岡の恋人」**といった具合です。

この事例で学ぶべきは「パロディー商品を作ればいいんだ」ということではありません。中身はそれほど代わり映えのしないものでも、「○○の恋人」というネーミングをつけてパッケージを変えただけで、すっかりその土地の土産物に生まれ変わるという点です。

パッケージが変われば、商品も変わるのです。自社に置き換え、すでにある商品を見直してみると、新商品開発につながるかもしれません。

「ベビースターラーメン」（おやつカンパニー）のパッケージを例に考えてみましょう。形状を変え、容量を変え、味を変え、ターゲットを変え、商品自体を変え、さまざまな商品を開発しています。

レギュラーパッケージは74gの袋入りです。これはたっぷり食べたい人向けの商品です。小袋タイプもあり、こちらは23g入り。これは少しだけでいいという人向けの食べ切りサイズの商品です。また異なる味が楽しめる4連吊り下げタイプ（18g×4袋）や、子どもたちで分けやすい5連吊り下げタイプ（23g×5袋）もあります。

商品自体も少し変更を加えることで、さらに商品開発が進みます。ベビースターラーメンを円柱形に固めて食べやすくした**「ラーメン丸」**は、カップパッケージで販売。机の上に置けるので、OLや若い世代から支持を集めました。また、ピリ辛などの大人向けの味つけをしたベビースターラーメンとピーナッツを混ぜた**「ベビースターラーメンおつまみ」**はお酒のおつまみとして人気です。

中身はほぼ同じ商品でありながら、パッケージの大きさを変える、つなげる。あるいは商品を固めてカップに入れる、ピーナッツと混ぜるなど、ちょっとした工夫で、まったく異なるターゲットに、異なる価値を届けることができた好例といえるでしょう。

このように、今ある商品にひと工夫加えるだけで、無限の商品開発につなげることもできるのです。

case 1 パッケージリニューアルで働き方改革を実現 白滝製麺 半田そうめん

「働き方改革」の名のもとに「労働時間削減」「生産性の向上」「非正規雇用・正規雇用の格差の是正」などが叫ばれる昨今ですが、一朝一夕に労働時間を短くすることなどできません。理念や気力だけでなく、具体的に着手することが必要です。

全国区の人気を誇る「半田そうめん」を製造する徳島県の白滝製麺では、そうめん一把一把を、丁寧に和紙で包んでいました（写真6―1）。高級感のあるすばらしいパッケージでしたが、1つ難点がありました。

包むのにとても手間がかかるのです。手作業で一把一把を包むため、時間がかかって仕方がありません。夏場の繁忙期には従業員が毎日残

6－1

業して、経営者自身も寝る間を惜しんでひたすら包んでいたとのこと。

従業員の多くはパートの主婦で、家庭での仕事もあります。このままではいけない、どうにか定時で帰してあげたい、と考えた森岡太悟社長。一念発起、パッケージをリニューアルすることにしたのです。

それが写真6―2の5把入りパッケージ。

1把入りから5把入りへ変更したことによって、1把ずつ包む手間が省け、従業員の作業時間の短縮に成功。およそ3分の1の時間で、同じ数量を梱包できるようになったのです。おかげで、従業員が定時で帰れるようになりました。労働時間の削減、まさに働き方改革の実現です。

「白滝製麺　半田そうめん」のロゴを大切に扱ってきた同社では、従来品の贈答箱に大きくロゴを印刷していました。リニューアル後もその箱を使用するということでしたので、袋にも同じように大きなロゴを印刷。

ただし、袋の素材は和紙を使ったフィルムにして、高級感を出しました。フィルム袋に変えたことで気密性が高まり、賞味期限の長期化にもつながって一石二鳥です。

もともと同社の半田そうめんは海外からの引き合いが多くありましたが、品質保持

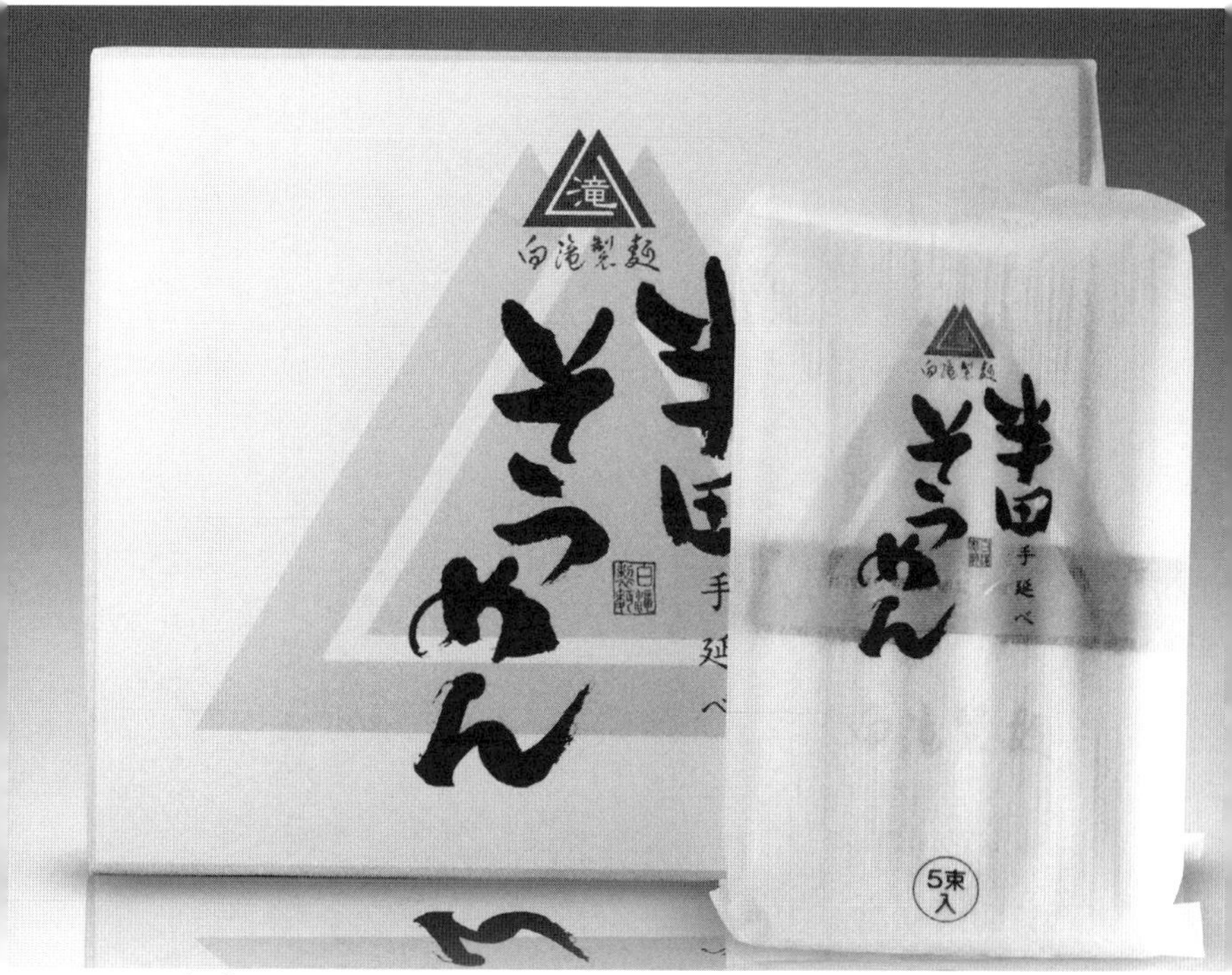

6－2

の問題で断らざるを得ませんでした。しかしパッケージリニューアルにより、海外輸出が可能になりました。

　現在は台湾やフランスほか、海外にも続々と出荷しています。

case 2

損して得を取った新パッケージ　とうふ屋うかわ　お豆腐屋さんの豆腐シリーズ

香川県高松市内に店舗を構える「とうふ屋うかわ」は、2019年全国豆腐品評会中国四国地区大会において、「木綿豆腐部門」と「絹ごし豆腐部門」で銀賞に輝いた名店です。

同社の豆腐は、写真のように無地のフィルムに「もめん」「きぬ」「そふと」「やき豆腐」といったシールを貼るタイプでした（写真6—3）。

これはよくあるケースで、フィルムに印刷して作成すると、最低ロットでも1種類につき原材料ベースで2000m、仕上がりで6000mほどできます。小さな企業であれば、フィルム在庫が何年分もあります。その間に落版（印刷に使うシリンダーが劣化して、使えなくなってしまうこと）が発生します。メーカーによっても多少異

6－3

なりますが、だいたい1年半～2年ほどで落版になります。落版になると、再度注文した際に最初に発注したのと同じ代金がかかってしまいます。

こうしたリスクを避けるために、無地のフィルムにシールを貼るのですが、同社の宇川英雄社長はふと疑問を抱きました。

「手間暇かけてシールを貼っているが、そこに時間を取られて肝心の豆腐を作る時間が削られてしまう。従業員が疲弊してしまう」

そこで思いきってこれまでのシールをやめ、フィルムに印刷するタイプに切り替えることにしました。それに伴ってパッケージデザインもリニューアル（写真6―4）。**「お豆腐屋さんのもめん」**とネーミングを改め、同社が実店舗を構える豆腐屋であることをアピールしました。

単純にコストを比較すると、従来パッケージは「透明フィルム代＋シール代＋内職代」と3つの経費がかかっていました。これに対し改良パッケージは「印刷フィルム代」だけです。実は一番大きなコストは「内職代」なので、落版のリスクを負ってでも印刷フィルムにしたほうが得策と考えてのリニューアルです。

「もめん」のほかに「きぬ」「そふと」「やき」と計4種類の豆腐があります。それ

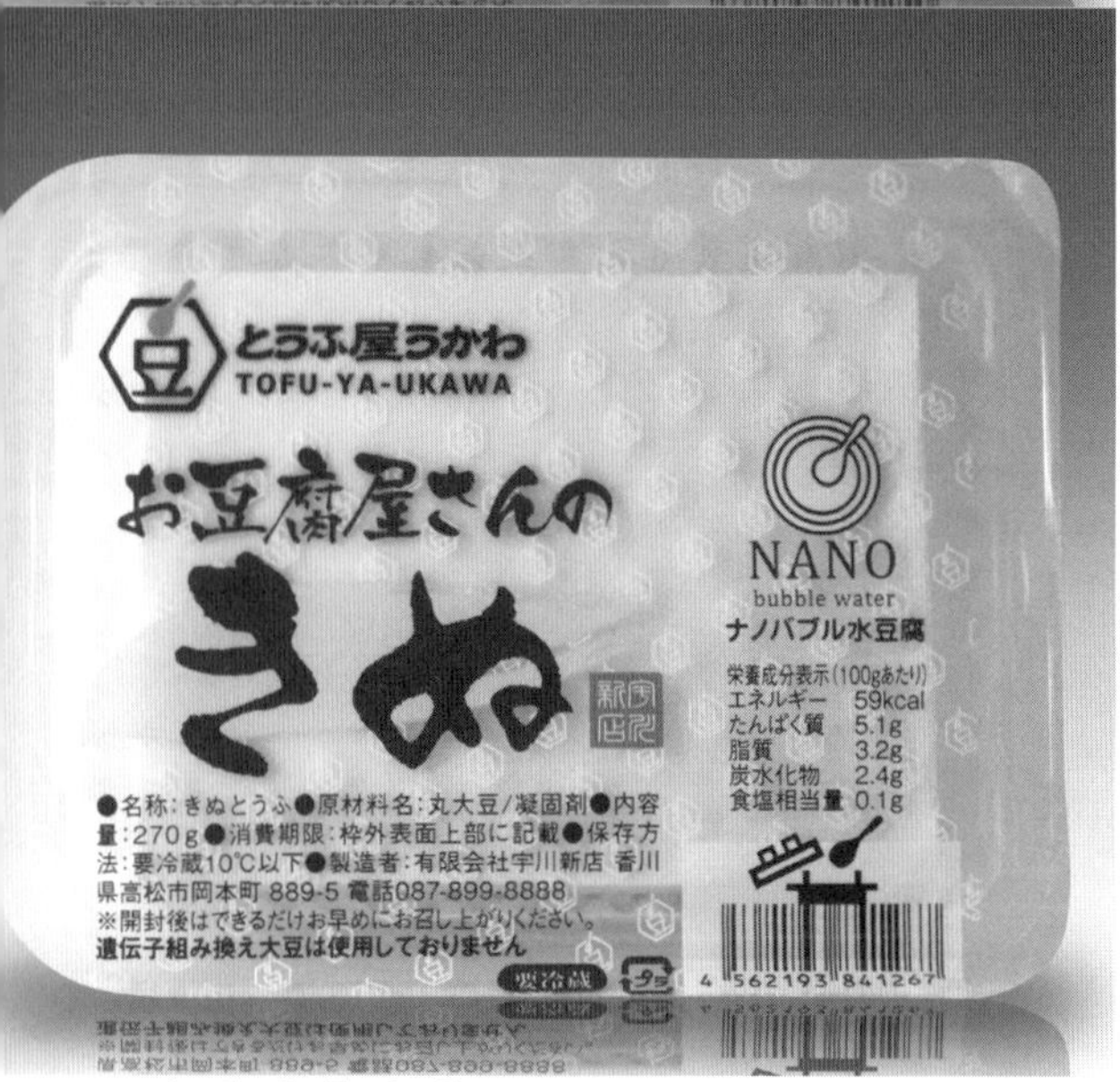

上：6－4、下：6－5

ぞれのパッケージをご覧ください（写真6―5、6、7）。

バーコードをよく見ると、窯で豆腐を炊いているようなシルエットが描かれていて、4種類とも異なるデザインが遊び心を感じさせます。

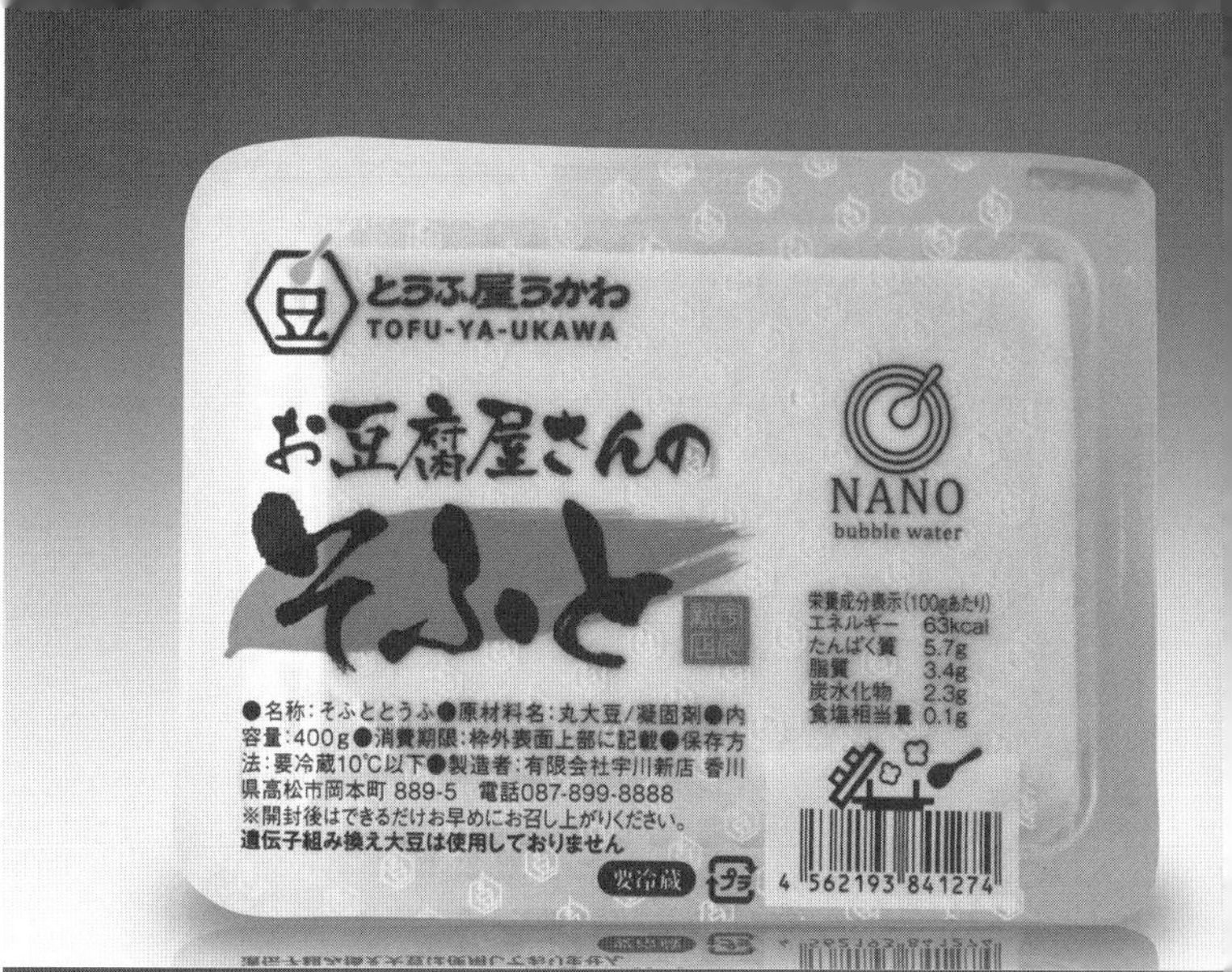
とうふ屋うかわ
TOFU-YA-UKAWA
お豆腐屋さんの
そふと
NANO
bubble water
栄養成分表示(100gあたり)
エネルギー 63kcal
たんぱく質 5.7g
脂質 3.4g
炭水化物 2.3g
食塩相当量 0.1g
●名称：そふととうふ●原材料名：丸大豆/凝固剤●内容量：400g●消費期限：枠外表面上部に記載●保存方法：要冷蔵10℃以下●製造者：有限会社宇川新店 香川県高松市岡本町 889-5 電話087-899-8888
※開封後はできるだけお早めにお召し上がりください。
遺伝子組み換え大豆は使用しておりません
要冷蔵
4 562193 841274

とうふ屋うかわ
TOFU-YA-UKAWA
お豆腐屋さんの
やき
NANO
bubble water
ナノバブル水豆腐
栄養成分表示(100gあたり)
エネルギー 82kcal
たんぱく質 7.6g
脂質 4.6g
炭水化物 2.6g
食塩相当量 0.0g
●名称：やきとうふ●原材料名：丸大豆/凝固剤●内容量：270g●消費期限：枠外表面上部に記載●保存方法：要冷蔵10℃以下●製造者：有限会社宇川新店 香川県高松市岡本町 889-5 電話087-899-8888
遺伝子組み換え大豆は使用しておりません
要冷蔵
4 562193 841281

上：6－6、下：6－7

case 3

地域色を前面に打ち出したパッケージで販路を広げる　青木光悦堂　和菓子

明治25（1892）年創業の「青木光悦堂」は、かりんとうやあられなどの和菓子を販売している京都の老舗です。同社が新しいブランドを立ち上げるにあたり、パッケージ開発の依頼を受けました。従来のパッケージはこちら（写真6―8）。

パッケージの中心に、「こころなごむ故郷の銘菓」と銘打っています。透明部分が多いのは、スーパーなどで販売する際、中身が見えたほうが購買意欲を高めやすいためです。

気になったのは、せっかくの京都のお菓子なのに、パッケージから京都を感じる部分がない

6－8

ことです。これには青木隆明社長の強い思いがありました。「子どもが安心して食べられるおいしいお菓子を作っている。だからこそ〝京都〟で勝負するのではなく〝味〟で勝負したいんだ」

パッケージではあえて京都色を取り除いていたのです。

スーパーに並んでいる競合他社の商品と比較してみると、同じように透明部分が多く、商品名が中央にデザインされているパッケージが多いことがわかりました。これではせっかくの自信作が、競合商品の中に紛れてしまいますね。

販売店舗の店長にリサーチしてみると「京都色を出してほしい」との声がありました。そこで、新ブランド**「ええもんまぜまぜ」**のパッケージは写真のようなデザインにしました（写真6—9）。

京都色を強く打ち出しながら、中身が見たいという顧客心理に配慮し、中央部に丸い窓をつけて中身を見せています。青木社長の「わが子にも安心して食べさせられる」という思いも文字で載せています。

味は6種類あり、ベースの袋をオリジナルで作って、味の違いは品名シールを貼ることで対応しています（写真6—10）。

6－9

新しいパッケージにしたことで、京都駅前のコンビニやスーパーでも採用され、売上を伸ばすことに成功しました。

一番の売れ筋の「つくね」味はよく出るということで、のちにシール対応ではなく印刷対応になりました。一部ではありますが、シール貼りの内職が削減されることになったのです。同時にパッケージ上部を少し伸ばし、吊り下げ穴をつけ

6－10

6－11

ました（写真6―11）。

こうすることで、駅ナカなどの狭いスペースでも吊り下げ展示をしてもらうことが可能になり、さらに売り場を広げるきっかけになったのです。

パッケージは一度制作したら終わりではなく、リピート発注時にこのような修正を加えていくことも大切です。

case 4

生産者とオリジナルキャラのイラストパッケージで親近感を醸成

長谷川農園　レンコン

徳島県鳴門市のレンコン農家・長谷川農園は、収穫したレンコンを地元スーパーや産直市で販売しています。経営者の長谷川伸一さんと望さんご夫妻から、現状のパッケージを見直したいという相談がありました。

産直市や道の駅などでよく見る、無地の袋に生産者名とバーコード、価格のシールを貼っただけのシンプルなパッケージです（写真6―12）。これでは長谷川農園の「手掘り」であることや「徳島県の鳴門産」であること、何よりレンコン栽培に情熱を傾けるお二人の人柄が伝わりません。

そこで打ち合わせを行い、提案したのが次の3点です。

6 ― 12

・競合商品はあまり袋に印刷をしないので、印刷をしましょう
・その際、生産者であるお二人のイラストを掲載して、信頼性を高めましょう
・レンコンの料理法がわからない人も多いので、レシピを掲載しましょう

すると伸一さんから「私たち夫婦のイラストに加えて、妻の考案した長谷川農園のキャラクター〝レンちゃん〟も載せてほしい。レシピは特別栽培の長谷川レンコンのおいしさを一番お客様に味わっていただける『温レンコン』にしてほしい」とのリクエストがありました。

6－13

6－14

そうして出来上がったのが写真6—13のパッケージです。

実際にレンコンを詰めると、写真6—14のような仕上がりになります。

左側の空白部分は、バーコードシールを貼るためのスペースとして空けておきました。「鳴門」「長谷川農園」「手掘り」のレンコンであることを、かわいらしいキャラクターのレンちゃんと共に伝えています。

裏面には2人のイラストとレシピを掲載しました。こうして顔や名前を出すことで「自信があるんだ」と信頼性がアップするのです（写真6—15、6—16）。

ちなみに、以前は袋を留めたときに上部が長く余るため、60㎜ほどカットしてから出荷していました。リニューアル時にはこの部分を最初から短くしました。カットする手間が省けるとともに、原材料を減らすこともできてエコにつながりました。

パッケージリニューアルにより、地元の産直市に卸すだけの商品ではなく、県外からも引き合いが来る商品に生まれ変わりました。現在は大阪のスーパーを皮切りに、関西方面から続々と注文が来るようになりました。

6－16

超かんたんレシピ!
電子レンジでチンした温レンコン
シャキシャキ ホクホク・モッチモチ♪ レンコンは調理方法によって食感が変わるので、いろいろな料理で楽しんで下さいね
1 よく洗ったレンコンを輪切りにします
2 ラップをして レンジ(600W) 約2分加熱します
出来上がり
噛むごとにレンコンの旨味エキスがジュワ～ッと口いっぱいに広がります
長谷川伸一
長谷川望
他にも楽しいレンコンレシピはこちら 長谷川農園 検索
保存方法 ラップで包んで冷蔵庫(10℃以下)で保存したら1週間くらい保存できます
プラ

6－15

第6章 ここが要の七か条

一 パッケージングは時代の変化に瞬時に対応

二 パッケージを変えれば利益率アップも可能

三 パッケージを変えることで商品が生まれ変わる

四 パッケージングで働き方改革が実現できる

五 目に見えないコストを考慮したパッケージングを

六 パッケージの再発注時には改良を加える

七 競合商品にはない要素をパッケージに加える

第7章
パッケージはお客様との最強のコミュニケーションツール

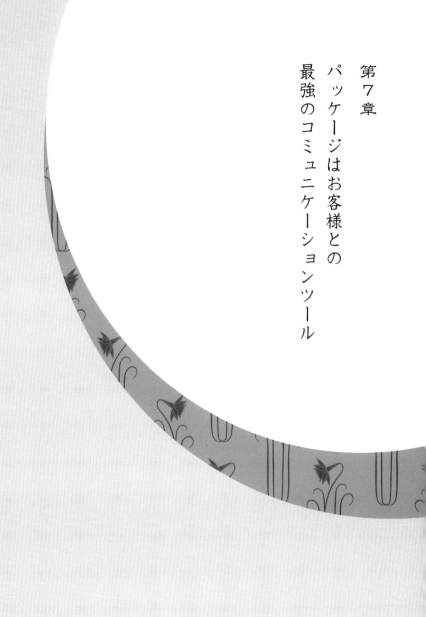

お客様が求める価値を「これでもか」と伝える

「お客様が求める価値をパッケージで伝える」。それは、パッケージを通してお客様とコミュニケーションを図るということです。

例えば酢豚。袋入りの具材を混ぜて炒め、添付のソースをかければできるもの、一部材料を用意すれば作れるもの、解凍しただけですぐに食べられるものなど、いろいろな会社からいろいろな商品が出ていますね。普通に勝負したのでは競合商品に埋もれてしまいます。日本ハムが発売する**「中華名菜シリーズ」**の酢豚は、「お客様が求める価値」をパッケージで伝えています。まず「玉ねぎがあればすぐできる！」「フライパンで約5分！」と、短時間で調理できるという価値を大きく伝えます。さらに「揚げる手間なし！」と、油を準備しなくていいので手間がかからないという点をしっかりアピールしています。これを見たお客様は、「これなら時間も手間もかからないわね」と価値を感じて、購入に至るのです。

ハインツ日本では、かつて「**オレアイダ　ゴールデンパティ**」という商品を販売していました。しかし、このネーミングでは商品のイメージがまったく伝わらず、売れ行きはかんばしくありませんでした。ところが1992年にネーミングとパッケージをリニューアルしたところ、一気に3・5倍も売上が伸びました。

新たなネーミングは「**おはようポテト**」です。この名称に改めたことで「なるほど、朝食べるハッシュドポテトなのね」とお客様に伝わったのです。

このようにお客様とコミュニケーションを取るパッケージがある一方で、「お客様同士のコミュニケーションを創造する」パッケージもあります。

例えば、「**キットカット**」（ネスレ日本）の小袋を見ると、パッケージの裏側にメッセージが書けるスペースが設けられています。ここに「がんばってね！」「応援してるよ！」などのメッセージを書いて、プレゼントできるようになっているのです。

こんなふうにメッセージ欄を設けるだけでも、お客様同士のコミュニケーションを演出することができます。その結果、「キットカット」に対する思い入れも深まります。

お客様が応援したくなるパッケージ

「全米No.1大ヒット」や「100万人が泣いた」「アカデミー賞受賞」など、映画の宣伝には数字や受賞歴が多く見られますね。これは「権威」に訴えて宣伝効果を高めているのです。具体的な数字「No.1」や「100万人」があると、人はその数字を見て「すごい」と感じ、「そんなに多くの人が見たのなら、いい映画に違いない」と思います。

私は、中小企業であっても積極的に「50周年」や「○○賞受賞」などをパッケージに書いて伝えたほうがいいとおすすめしています。お客様はそのパッケージを見て「そうか、いつも買っているこのお菓子屋さん、50年も続いているのか」「地元の豆腐屋さんがそんなすごい賞を受賞したのか」と驚き、うれしくなるものです。

そう、お客様は地元企業を、いつも購入している商品を「応援したい」と思っています。

ところが、日本人の謙虚な気質が邪魔をしているのか、「たいしたことではないので」「そんなことでお客様が喜ぶとは思いません」と、アピールしない中小企業が多いように感じます。とてももったいないことです。

大企業はこのようなアピールを積極的に行います。例えば味の素冷凍食品の冷凍ギョーザの2019年のパッケージを見ると「ギョーザ売上日本一！」と記されています。この「日本一」というキーワードを見て、お客様は「日本一売れているなら安心だ」と感じるのです。

日清食品の**「カップヌードル」**は毎年、カップヌードルの誕生月である9月に、周年記念パッケージを数量限定で発売します。2019年は「48周年バースデー記念パッケージ」でした。これを見て、私たち消費者は「長年愛されているんだな」「おお、おめでとう」という気持ちになるのです。周年記念は「50周年」など切りのいい数字のときにしかしてはいけないという決まりはありません。カップヌードルのように毎年、周年記念を行ってもかまわないのです。

カップヌードルはほかにもいろいろな切り口で限定パッケージを作っています。例えば2016年には「世界400億食達成記念パッケージ」を販売しました。周年ではなく、「食数」という切り口です。2012年には「国内200億食達成記念パッケージ」を販売しました。そう、「世界」と「国内」の違いで二度お祝いしているのです。

このように数値や受賞でのアピールは、大企業では当然のように行っています。ぜひ、中小企業でも行ってみましょう。いつも応援してくれている地元のお客様も喜んでくれるのではないでしょうか。

SNSでバズるパッケージ

SNS全盛の現代、パッケージも「SNS映え」を意識しなければいけません。かわいいパッケージ、きれいなパッケージで話題を作ることも大切ですが、お客様が「思わず投稿したくなる」仕掛けなども入れておくとなおいいでしょう。

有名なところでは、**「明治牛乳」**（明治）のパッケージに描かれている牛のイラストの模様が、世界地図になっているというものです。また、牛の足元の牧草に見える部分は、「MEIJI MILK」と3回書かれています。Twitterなどでよくつぶやかれていますので、ご存じないかたは店頭でチェックしてみてください。

またカゴメの**「野菜ジュース」**パック入りのシリーズにも、パッケージに仕掛けがあります。通常は見えませんが、飲み終えたあとに接着面を剥がして折りたたんでいくと、パッケージ上部の貼り付け面に隠れていたところから「たたんでくれてありがとう」というメッセージが出てきます。「見えない面からお礼の言葉が出てくる」というサプライズパッケージです。現在では多くの企業がこの手法を取り入れており、Twitter「#たたんでくれてありがとう」を見てみると、「こちらこそ温かい気持ちになります」「ほっこりしました」などの投稿が数多く寄せられています。楽しく、うれしい話題作りですね。

「キリンビール」（キリン）のラベルには、霊獣キリンの模様の中に小さく「キ」「リ」「ン」とあります。こちらもぜひ探してみてください。

同じビールでもう1つ。**「エビスビール」**（サッポロ）は、大ビン限定の「ラッキーエビス」と呼ばれるラベルがあります。通常は恵比須様が大きな赤い鯛を1尾、左脇に抱えているデザインですが、数百本に1本の確率で、鯛が2尾描かれているのです。

恵比須様の右後ろにある魚籠《びく》の中に入っていて、尻尾だけ見えるデザインです。

１９９８年に始めたそうで、宣伝などは行わなかったものの、見つけた人が「これ何？」と口伝えで広まり、次第に話題となりました。見つけたらラッキー、とてもハッピーな気分になるのは間違いありません。現在もＳＮＳでは「初めて見つけた」「二度目の遭遇」など、ラッキーエビスに出会えた喜びを伝える投稿が盛りだくさんです。

さらにカルビーの**「じゃがりこ」**のパッケージに印刷されているバーコードは、イラストを組み合わせた「デザインバーコード」という楽しい仕掛けが施されています。

このようにパッケージにちょっとした仕掛けやからくり、話題性を盛り込むのも、現代においては重要なポイントになります。

case 1

伝えるのは「おいしさ」ではなく「感謝」　おつまみ研究所（山善商会）　伝おつ

「おつまみを使って、家族や大切な人とのコミュニケーションを生み出すことはできないだろうか」

島根県のおつまみ研究所は、そんな発想から「おいしさ」ではなく「感謝」を伝え

7－1

ることをコンセプトにした商品を作りました。それが写真の**「伝おつ」**です。

小袋パッケージに感謝の気持ちの文章をデザイン。「いつもありがとうございます」「お疲れさまでした」「ほんの気持ちです」の3種類を用意しました（写真7―1）。

パッケージに気持ちを伝える文字を載せることで、ふだんはなかなか言えない感謝の気持ちを、おつまみと一緒に軽い気持ちで相手に手渡すことができます。また、お客様には「ありがとう」、パートナーには「お疲れさまでした」、いつもお世話になっている友人には「ほんの気持ちです」など、シーンや送る相手に応じて使い分けることができるのです。

さらにこの商品には「Dear シール」がついていて、贈る相手と贈り手の名前を書き込めるようになっています（写真7―2）。

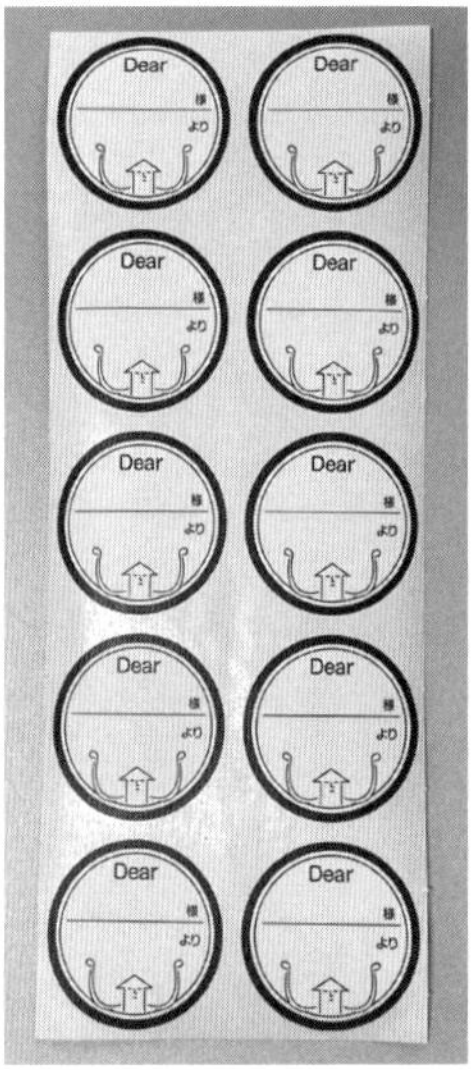

7－2

「カクテルパーティー効果（現象）」という心理学用語があります。パーティーの喧噪《けんそう》の中で、誰かが口にした自分の名前がなぜかはっきり聞こえる、という現象を表す言葉です。「ネームコーリング効果」という心理学用語もあり、自分の名前を呼ばれることで、相手に対して親近感を抱き、信頼関係を築くことができるというものです。

このように、心理学では自分の名前を一番心地いいと感じるとされています。パナソニック（旧松下電器産業）の創業者・松下幸之助氏も、人に語りかけるときには、何度も相手の名前を呼んだことで有名です。

Dear シールに名前を書いて貼ることで、贈られた人は、単なるおつまみをもらう

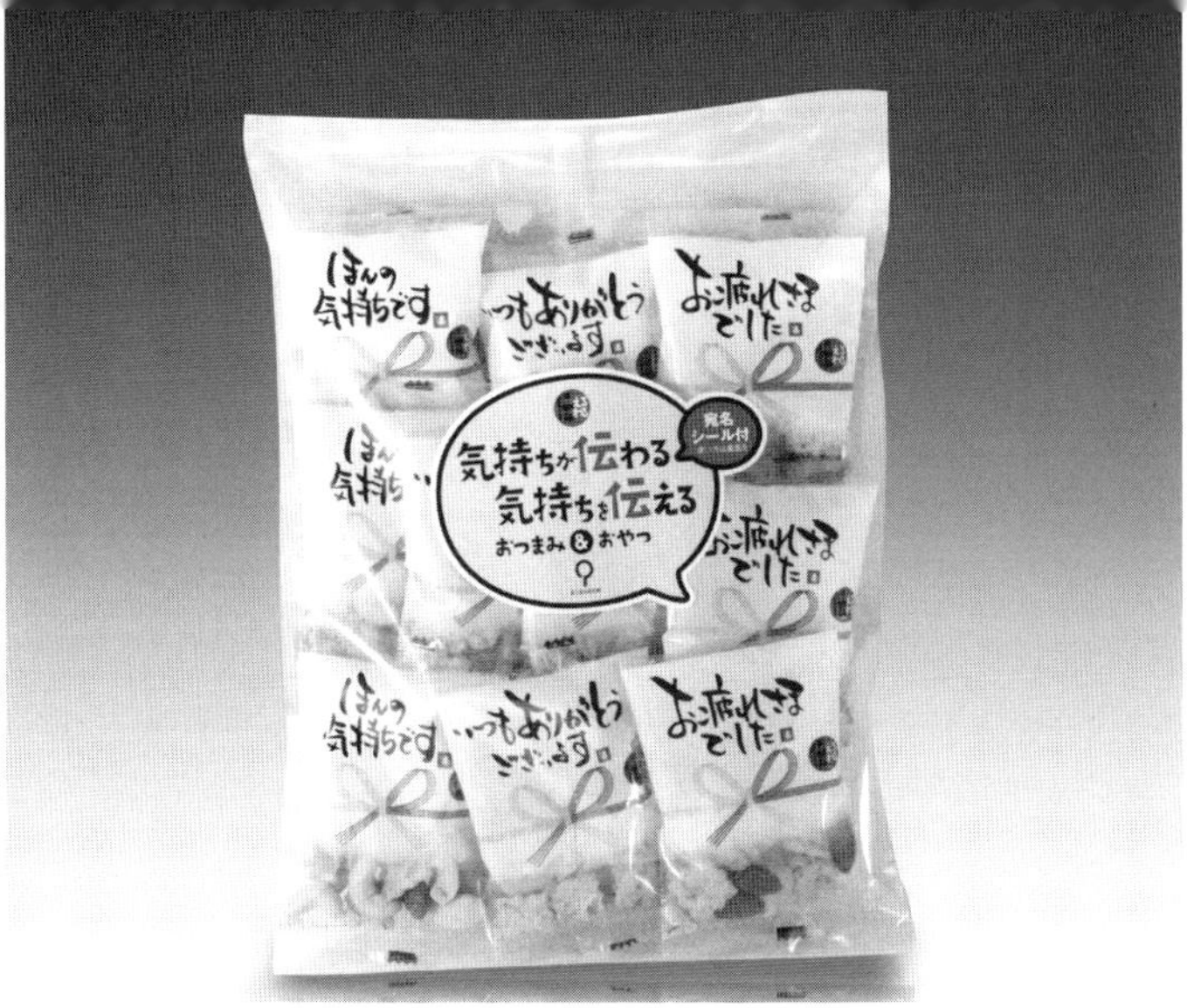

7－3

よりも「自分のために名前を書いて、メッセージを込めて贈ってくれた」と認識し、信頼関係を高める一助となりました。「伝おつ」は10個入り、30個入りなどの袋で販売されています（写真7－3）。

発売当初から注目を浴び、B to B（Business to Business）を中心に、続々と引き合いがある状態です。

同社の土江拓也社長は「この商品で日本中の家庭や会社に感謝の気持ちを伝え合い、相手を認めることで、喜びや安らぎを感じ、心も表情も豊かになり、生き生きとやる気に満ちた生活を送れるようになれば」と語ります。

「伝おつ」が日本中にコミュニケーションの輪を広げる日が楽しみです。

case 2

たった1枚のシールがもたらした3つのメリット　とうふ屋うかわ　豆腐

２０１９年に開催された「全国豆腐品評会　中国四国地区大会」において、木綿豆腐部門とおぼろ豆腐部門でそれぞれ銀賞に輝いた香川県の「とうふ屋うかわ（宇川新店）」。受賞作の**「超特撰豆腐」**は、これを記念して銀賞シールを作成しました（写真７―４、７―５）。

銀色に輝くダイヤモンド型の銀賞シールで、商品の格が上がったように感じます。印象だけではなく、たった１枚のシールがもたらす効果は、大きく３つあります。

①お客様の信頼を得る

新規のお客様は、パッケージを見て「そんなすごい賞を取った豆腐なのか。それならおいしいに違いない」と信頼して購入してくれます。またいつも買ってくれる常連のお客様であれば「いつも買っている豆腐がこんな賞を取った」と喜んでくれます。友だちなどに「地元のうかわさんが受賞した」と紹介してくれるかもしれません。

2019中四国
豆腐品評会
銀賞
銀賞受賞
豆
とうふ屋うかわ
TOFU-YA-UKAWA
ナノバブル水使用 ナノ水の力で大豆の旨みUP
お豆腐屋さんの
超特撰
おぼろ
国産大豆使用
4 562193 841342
プラ
要冷蔵

7－4

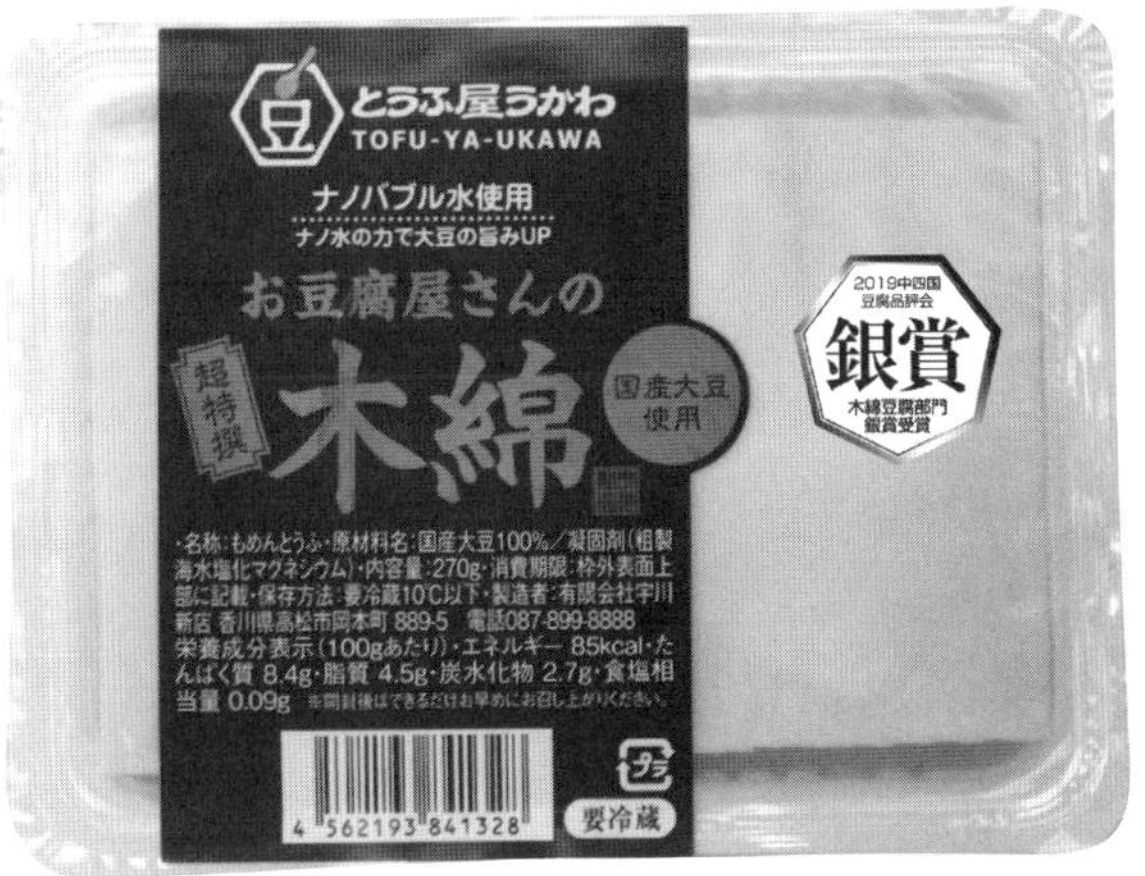
豆
とうふ屋うかわ
TOFU-YA-UKAWA
ナノバブル水使用
ナノ水の力で大豆の旨みUP
お豆腐屋さんの
超特撰
木綿
国産大豆使用
2019中四国
豆腐品評会
銀賞
木綿豆腐部門
銀賞受賞
・名称:もめんとうふ・原材料名:国産大豆100%／凝固剤(粗製海水塩化マグネシウム)・内容量:270g・消費期限:枠外表面上部に記載・保存方法:要冷蔵10℃以下・製造者:有限会社宇川新店 香川県高松市岡本町 889-5 電話087-899-8888
栄養成分表示(100gあたり)・エネルギー 85kcal・たんぱく質 8.4g・脂質 4.5g・炭水化物 2.7g・食塩相当量 0.09g
4 562193 841328
プラ
要冷蔵

7－5

第7章

②メディアが気づく

とうふ屋うかわでは、地元の新聞社の人がスーパーでパッケージを見て受賞に気づき、取材記事が掲載されました。これによって受賞したことがさらに県民に広報され、抜群の宣伝効果を発揮します。

本文でふれた「周年パッケージ」以上に、「〇〇賞受賞」を冠したパッケージにはメディアへのアピール効果が高いのです。

③店頭で応援してもらえる

受賞シールを貼って以降、オリジナルのＰＯＰを作って販売してくれるスーパーがありました。普通は単に商品名と値段だけを書く「プライスカード」を貼るところに、「地元専門店からお届け　銀賞受賞」と、写真入りのＰＯＰを飾って応援してくれたのです。

スーパーの店員も、「いい商品をたくさん売りたい」と思っています。ただ、どの商品がいい商品なのかわからないことも少なくありません。そんなとき、この銀賞シールを見たら「とうふ屋うかわさん、銀賞を取ったんだ！　じゃあきっといい商品なんだ」とわかってくれます。つまり応援してくれるようになるのです。

ほかにも切り口はいろいろあります。周年記念、累計販売個数、有名人のコメント（使用許可が必要な場合があります）も使えます。私の友人に「娘が生まれましたキャンペーン」を行った人もいます。

恥ずかしがらずに、名誉あることをパッケージで伝えてみてはいかがでしょうか。きっとお客様にもメディアにも販売店にも、喜んでもらえます。

case 3

コンプリートしたくなるパッケージで人気沸騰！　ハレルヤ　ハレたんステッカー

パッケージは捨てられる運命にあるのでしょうか。いいえ、「どうしたらお客様の手元に残してもらえるか」あるいは「お客様が集めて楽しい仕掛け作りができないか」といった創意工夫次第で、手元に残してもらえます。または収集してもらえる可能性を秘めています。

徳島銘菓**「金長まんじゅう」**を販売するハレルヤには「ハレたん」というかわいらしいキャラクターがいます。２０１８年９月、同社の市岡沙織副社長から「ハロウィンにハレたんのキャラクターステッカーを店頭で配布したい」との依頼がありました。

そうして出来上がったのが写真7―6のシールです。

周りにかわいいゴーストやカボチャのイラストを入れ、ハレたん部分は丸く切り取れるステッカーになっています。これをハロウィン期間限定で、ハレルヤで買い物をしたお客様に配布したところ、子どもや若い女性を中心に「私もほしい」と非常に喜ばれました。

これを機に「ステッカーを通してさらにお客様とのコミュニケーションを深められないか」と考え、各行事に合わせたステッカーを作成するようになりました。クリスマス、正月、バレンタイン、さくらといちご、阿波踊り、お月見などです（写真7―7）。

特に盛り上がったのは、2019年4月1日に新元号「令和」が発表されてすぐ作成した「令和ハレたんステッカー」です（写真7―8）。新元号が発表されたときに菅義偉官房長官が着ていたスーツとネクタイの色に合わせたハレたんが「令和」のカー

7－6

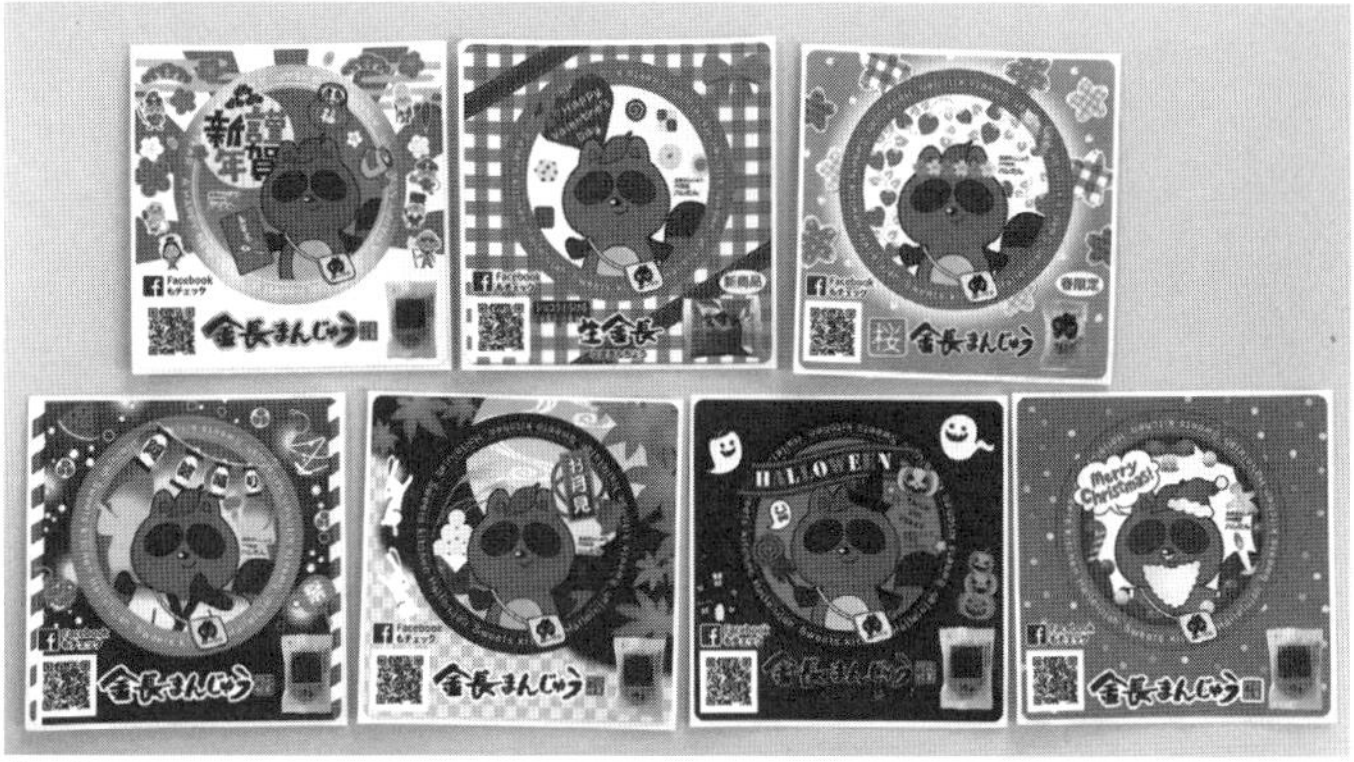
新年賀
Facebook もチェック
金長まんじゅう
生金長
桜
お月見
HALLOWEEN
Merry Christmas!

7－7

Halleluiah Sweets kitchen
金長まんじゅう
PR隊長
ハレたん
令和
Facebook
もチェック
金長まんじゅう
阿波銘菓

7－8

ドをもっているデザインです。令和元年限定でしたが、当時は大々的に配布され、メディアにも取り上げられました。

「もう一歩踏み込んで、コミュニケーションを深められないか」と、ステッカーの右上部に「ハレたんミニシール」を作成（写真7―9）。そしてスタンプラリーカード（写真7―10、11）を作成し、2020年の最初に配布する正月ステッカーから、12月のクリスマスステッカーまで、全8種類をコンプリートすると、年末に特別な景品やイベントを体験できるキャンペーンが開催されます。

こうした取り組みのおかげで、「ハレたん」の認知度が飛躍的に高まり、徳島県民に愛されるキャラクターへと成長を遂げています。

謹賀新年
A HAPPY NEW YEAR
お正月
金長まんじゅう
PR隊長
ハレたん
お年玉
Facebook
もチェック
金長まんじゅう
阿波銘菓

7－9

スタンプラリー参加方法
ハレたんステッカーに
ついているシーズンスタンプ
（右上のシール）を
貼って集めてね
シーズン
スタンプ
お正月
詳しくは店舗スタッフにお声かけ下さい
ハレたん
スタンプラリー
シールを集めて
得しちゃおう

7－10

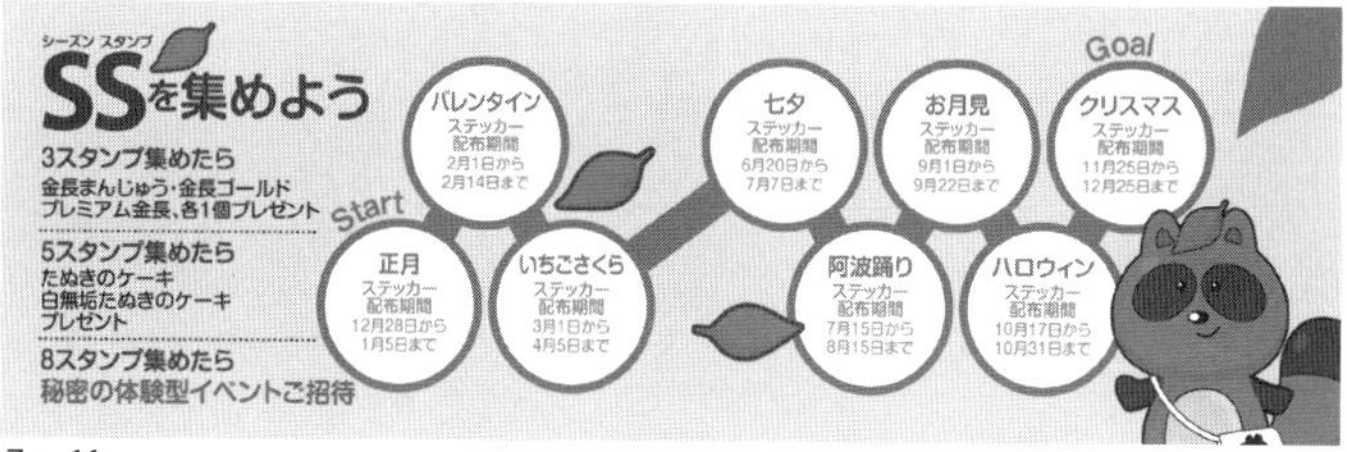
シーズン スタンプ
SSを集めよう
3スタンプ集めたら
金長まんじゅう・金長ゴールド
プレミアム金長、各1個プレゼント
5スタンプ集めたら
たぬきのケーキ
白無垢たぬきのケーキ
プレゼント
8スタンプ集めたら
秘密の体験型イベントご招待
Start
正月
ステッカー
配布期間
12月28日から
1月5日まで
バレンタイン
ステッカー
配布期間
2月1日から
2月14日まで
いちごさくら
ステッカー
配布期間
3月1日から
4月5日まで
七夕
ステッカー
配布期間
6月20日から
7月7日まで
阿波踊り
ステッカー
配布期間
7月15日から
8月15日まで
お月見
ステッカー
配布期間
9月1日から
9月22日まで
ハロウィン
ステッカー
配布期間
10月17日から
10月31日まで
クリスマス
ステッカー
配布期間
11月25日から
12月25日まで
Goal

7－11

case 4 遊び心満載のパッケージがSNSで話題に!! 岡本製麺 味覇拉麺トラックBOX

長年愛され続ける「味覇《ウェイパァー》」の味わいを、廣記商行監修のもと徳島県の岡本製麺が共同開発し、販売している「**味覇拉麺**」。

もともと1袋2人前入りで販売していました（写真7―12）が、「箱詰めにして土産物として販売したい」という依頼を受けました。お土産にするのであれば3袋6人前に、というところからいろいろと考えていると、おもしろいことを知りました。全国の納品先へと日々さまざまなところを走っている「味覇トラック」です。ネット上では「幸運のトラック」と話題で、「見つけたらラッキー」と一緒に写真を撮影して、InstagramやTwitterなどにアップする人が多くいたのです。

これを商品開発に活かさない手はない、と車型のパッケージにすることが決定、「**味**

7－12

上：7－13、下：7－14

覇拉麺トラックBOX」が完成しました（写真7―13）。

見た目を味覇トラックに似せているのはもちろんですが、実は至る所に罫線やミシン目をつけていて、よりリアルなトラックにトランスフォームします。帰ってからも楽しめるパッケージというわけです（写真7―14）。

しかしリアルさを追求したために、組み立て作業が意外と難しく、大人

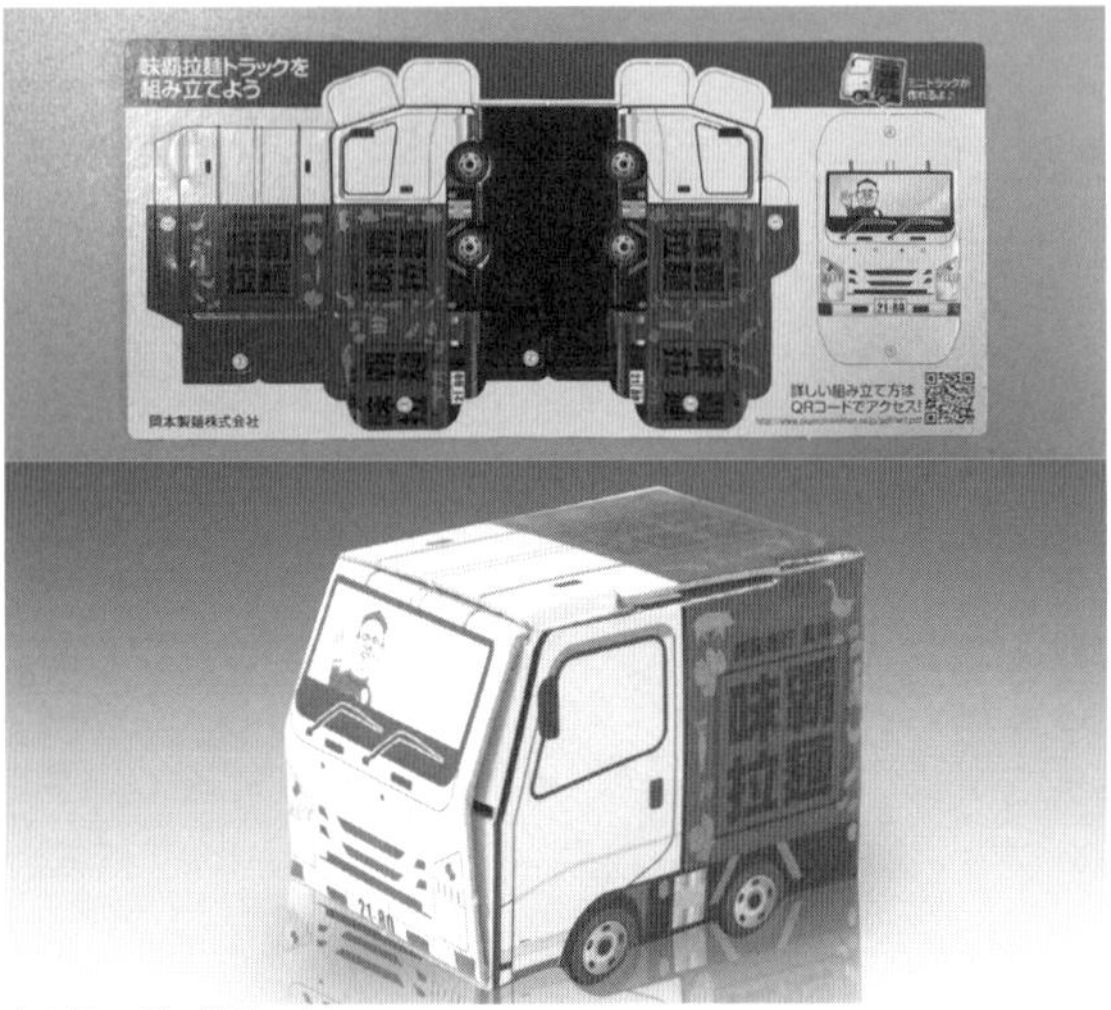

上：7－15、下7－16

でないと組み立てるのは無理かもしれません。それでは子どもが遊べないということで、中身に写真のようなシートを入れました（写真7―15）。

これを組み立てると味覇ミニトラックにトランスフォームするのです（写真7―16）。

味覇拉麺を食べた後、お父さんが大きな味覇トラックを組み立てて、子どもが味覇ミニトラックを組み立てて、親子で遊べるパッケージになりました。パッケージが親子のコミュニケーションを生み出しているのです（写真7―17）。

味覇拉麺のもともとの評判に加えて、このパッケージの楽しさをバイヤーが絶

7－17

賛し、現在は関西方面のサービスエリアを中心に続々と取扱店が増えています。

お客様がサービスエリアに立ち寄る目的は決してラーメンではなく、「旅の思い出」を買って帰るため。「神戸に行って楽しかった」という思い出を持ち帰りたいのです。そうであれば神戸の名店を感じさせることも重要です。

さらに味覇拉麺トラックBOXのように「組み立てて遊べる」「親子のコミュニケーションになる」「SNSに投稿するネタになる」などの価値もパッケージに追加して商品化することで、お客様に選ばれる商品になります。

第7章 ここが要の七か条

一　パッケージでお客様に語りかける

二　周年や受賞などのトピックをパッケージで伝える

三　ＳＮＳで話題になる仕掛けをプラスする

四　お客様のコミュニケーションを図る際のアイテムに

五　応援したくなるパッケージングを工夫する

六　捨てられないパッケージを作る

七　中身とは別の価値をパッケージに付与する

ビジネスをまるっとハッピーに

column

ビジネスマン諸兄、「勉強」の時間です!

「勉強」は何のためにする?

子どもに「勉強って、何のためにするの?」と聞かれたら、何と答えますか。簡単に答えられる人はそう多くないのではないでしょうか。

私が実感したエピソードをもとに、「勉強」の大切さをお伝えします。

あなたが牛丼店を経営している社長だとします。経営は順調で、毎日お客様がたくさん入っています。社長のあなたもスタッフのみんなも笑顔で働いています。

　ところがある日、突然店の北側に「吉野家」が、南に「すき家」が、東に「松屋」が、西に「なか卯」ができました。さあ困りました。大手牛丼チェーン店が四方に乱立してしまったのです。あなたは大慌て、それ以上にスタッフがパニックになっています。

「社長、今日からどうするんですか？」

　一人のスタッフに聞かれました。さて、社長のあなたは何と答えますか。


　以前、ある大学でセミナーをする機会があり、この質問を学生にぶつけてみました。

　一人の学生は自信満々に「周りの牛丼店より安く売ります」と答えました。とても素直ですね。しかし、中小企業が大手より安い価格で、同じ商品を提供できるはずがありません。大手は安いコストでも利益が出せる仕組みを作っています。そういう相手に「安さ」で対抗しても、待っているのは自滅だけです。

「接客をよくします」「新メニューの高級牛丼を開発します」といった答えもありました。大手チェーン店との違いを出そうとしています。なかなかいい意見です。「イケメンとイケジョを雇います」というユニークな意見もありました。これもチェーン店との違いを出そうという考え方です。

別のセミナーで同じ質問をしたところ、ある経営者は「私なら牛丼店を辞めて、日本そば屋になるよ」と答えました。これはうまい考え方です。どんなに牛丼が好きな人でも毎日食べたいはずはありません。業態を変更してそば屋にすれば、お客様が来てくれる確率が上がります。

別の経営者はこう答えました。「私ならその4軒にお米を卸す米屋になるよ」。

それぞれの意見を振り返ってみましょう。

「値下げをする」というのは、競合他社に価格競争で真っ向勝負を挑むということです。

「日本そば屋になる」というのは、競合他社と「争わない」選択をしています。

「米屋になる」というのは、競合他社を味方につけています。

3つの選択肢で、まったく異なる結果が出るのは明白です。

この考え方の差こそが、勉強を「しているか」「していないか」の違いなのです。

ふだんから勉強をしていないと、突発的に対応するしかありません。競合他社が安さで勝負に打って出たなら安さで、ボリュームできたならボリュームで。「目には目を、歯には歯を」の精神でまともに勝負に挑むしか、選択肢が思い浮かびません。これでは遠からず淘汰《とうた》されてしまいます。

「勉強している」と、いろいろなアイデアが思いつきます。戦わないという選択肢、差別化を図るという選択肢、さらには競合他社を味方にするという選択肢です。

ピンチやチャンスがあったとき、目の前に1つしか選択肢がないか、あるいは5つも6つも選択肢があり、その中から1つを選べるか、どちらがいいかは明白です。

「勉強する」ことによって「選択肢が増える」、つまり「より自由に生きられる」ことにつながります。

そう、「勉強するのは、より自由に生きるため」といえるのではないでしょうか。

ビジネスをまるっとハッピー！

column

3人のきこりの話

ある経営者に「2人のきこりの話」を教えていただきました。それをアレンジして1人追加し、「3人のきこりの話」を作ってみました。紹介させていただきます。

あるところに3人のきこりがいました。3人とも真面目に働き、毎日10本の木を切っていました。ところが年月が経過するにつれて、斧《おの》が欠け、切れ味が悪くなりました。いまや1日に7本しか切れなくなりました。

そんなある日、通りがかりの旅人がきこりたちに声をかけます。

「そんなに刃こぼれした斧で切っていては効率が悪いでしょう。1日仕事を休んで街に下りて、刃を研いでもらえばいいじゃないですか」

すると1人めのきこりは怒りを爆発させました。

「何を言っているんだ。街に下りる暇があったら、1本でも多く切ったほうがいいではないか」

そして休むことなく木を切り続けました。斧はどんどん切れなくなり、ついに1日に3本しか切ることができなくなりました。

2人めのきこりは答えました。

「なるほど、それはいい考えですね。ありがとうございます。さっそく行ってきます」

彼は仕事を休んで街に下り、刃を研いでもらいました。そして以前のように1日に10本の木を切れるようになりました。

3人めのきこりは答えました。

「ぜひそのようにします。そして街に下りたら、せっかくなのでいろいろと勉強してきます」

そうして街を歩き回ったきこりは「チェーンソー」と出会い

ました。彼は斧を下取りに出し、チェーンソーを買って帰ります。翌日から1日に50本の木が切れるようになりました。

さて、3人の中で「一番真面目なきこり」は誰でしょうか。1日も休まず働き続けた1人めのきこりですね。しかし皮肉なことに、彼が一番成果が出ていません。

笑い話のような話ですが、ビジネスの現場では同じようなことがよく起こっています。

「今までわが社は飛び込み営業で成功してきた」という「過去のやり方」や、「この業界ではいいモノを作ってさえいれば売れる」という「業界の常識」など、「切れなくなった斧」で経営をしている企業が少なくありません。自社や同業種のコミュニティの中で、変化を起こさずに旧態依然とした経営をしていると、遠からず倒産してしまうでしょう。

そうならないためにも「刃を研ぐ」習慣を身につけておかなければいけません。社内や同業種でしっかり学び、自社をさびつかせないようにし、「切れる斧」で経営するのです。


また、「イノベーション」の習慣も必要です。

時代は変わる。

法律も変わる。

常識も変わる。

営業ツールだって変わる。

何もかもが変化していきます。そんな時代の変化を見逃さないよう、アンテナを張って情報収集し、異業種からも積極的に学びましょう。市場調査も大切です。

そうすれば道具を変えて「チェーンソー」で経営することも可能になるのです。

Package Matsuura's work collection

著者が代表取締役を務める「パッケージ松浦」が これまでに手がけたパッケージの一部をご紹介します。
アイデアと工夫がたくさん詰まった“作品”ばかりです！

徳島県

印象的なシール＆
生姜好きへコピーで訴求！

蜂の巣のハニカム構造を想起させる変形シールで、見た目もスマートな印象に。生姜好きの人に刺さるようなキャッチコピーを添えました。

「黄金生姜はちみつ漬」野田ハニー食品

香川県

競合大手商品との違いを
はっきり伝える餃子

主体の色を紺色にして高級感を演出。讃岐うどん製法の皮、九条ねぎ、オリーブ豚を使用している特徴を「腕前三段」で表記しています。

「大粒包味（つつみ）肉餃子」だいや食品

徳島県

ターゲットを明確にして
売れ続けるかりんとう

「どうにもこうにも芋が好き！」という“芋マニア”をターゲットにしていることを、ストレートに伝えました。顧客の絞り込みが奏功しています。

「鳴門金時芋かりんとう」近藤商事

愛媛県

イートグッドのコンセプトを伝えるケーキ

「いいものを食べよう」という“イートグッド”のコンセプトにもとづき、品質と味の魅力を伝えるよう、極力シンプルに、透明袋にシールというデザインにしました。

「パウンドケーキ」マルブン

徳島県

自社店舗のブランドを伝えるドレッシング

サラダバーが大人気のトンカツ屋「山かつ」の店舗内でのみ販売するドレッシング。シンプルにロゴを大きく配置し、添加物を一切使っていないことを伝えています。

「生ドレッシング」山かつ

愛媛県

経典を読むように開く線香

「南無妙法蓮華経」と 100 万回唱える時間分の線香が入っています。創価学会会員限定の商品です。

「百万遍唱題（ひゃくまんべんしょうだい）お線香」良和

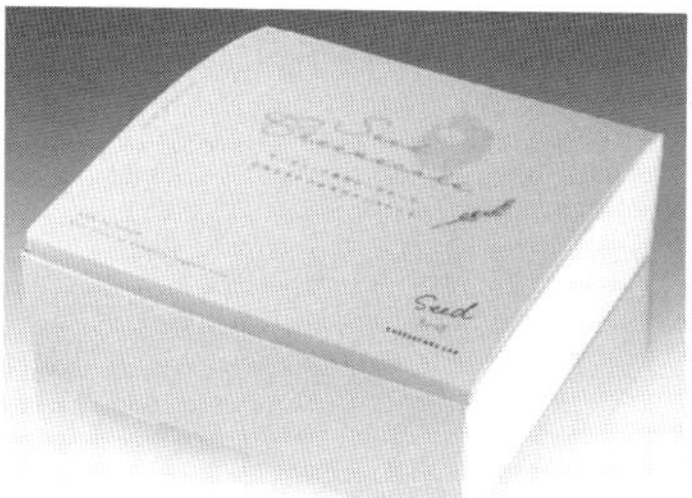

大阪府

チーズケーキの素材の優しさを表現

お米とチーズを連想させるデザインで、「お米のチーズケーキ」であることを伝えます。パッケージの材質は素材感のある DK クラフトを採用しました。

「オーガニック素材にこだわった日本生まれのお米のチーズケーキ」seed

高知県

地元のお客様に日ごろの感謝を伝える受賞シール

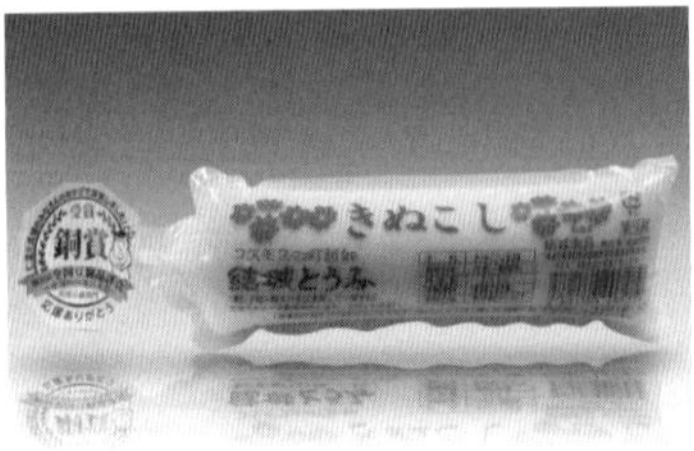

全国豆腐品評会中国四国地区大会で銅賞を受賞した充填豆腐。日ごろ応援してくれる地元のお客様への感謝を伝えるシールを貼りました。

「きぬこし　銅賞受賞シール」結城食品

大阪府

チーズケーキ専門店ならではのオリジナルカップ

このような形状のカップは、既製品を使うのが一般的ですが、オリジナルのカップを作成し､ブランド力を高めています。

「ベイクドチーズケーキカップ」seed

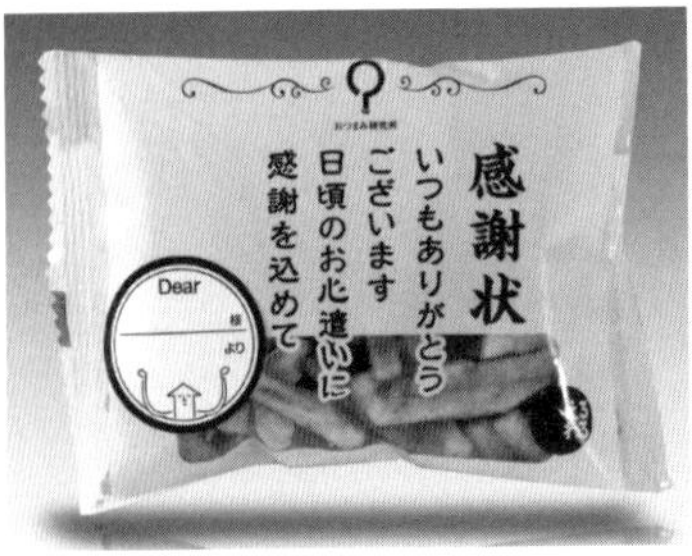

島根県

感謝の気持ちを伝えるパッケージ

第７章でご紹介した「伝おつ」の別シリーズ。こちらも名前を書いたシールを貼るスタイルで、感謝の気持ちをカジュアルに伝えます。

「伝おつ感謝状」
おつまみ研究所「山善商会」

兵庫県

お店の高級感を伝える紙袋

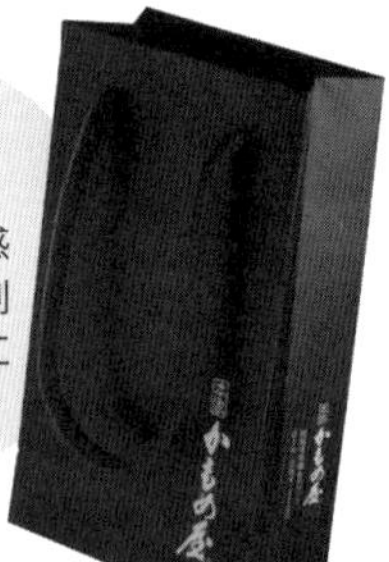

高級お食事処「本家かもめ屋」の高級感を伝えるために、あえてロゴだけを印刷したシンプルなデザインに。マット加工を行い、太い紐をつけました。

「お土産用紙袋」本家かもめ屋

徳島県

光り輝くイチゴの存在感を再現

独自開発の天然海藻エキスや、鳴門の海で獲れた牡蠣殻を肥料にしたオリジナルブランドのイチゴです。まばゆい光が差すイメージです。

「うずしおベリー」
フルーツガーデン山形

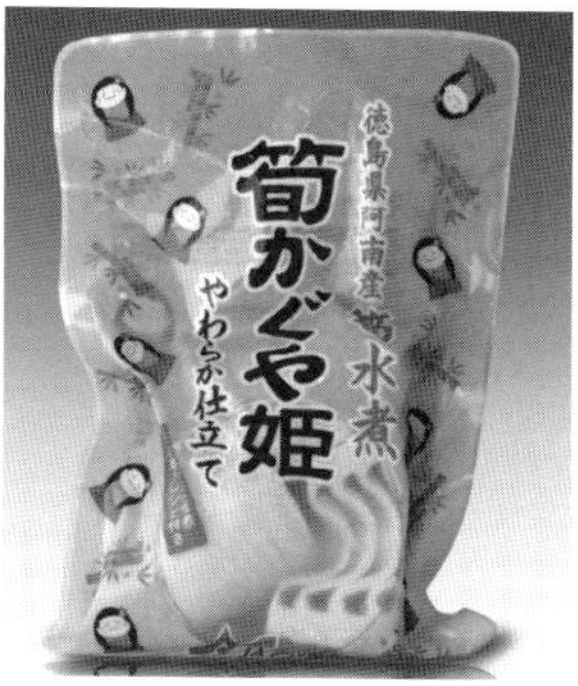

徳島県

店もお客様も満足の仕掛け

スーパーでは中身の商品が見えないと売れないと言われているため、パッケージに窓をつけました。フレッシュでみずみずしいグリーンを基調にしました。

「筍かぐや姫」JA アグリあなん

山梨県

受賞の栄誉を大々的にアピール

受賞の誇りを伝えるパッケージですが、シールではなくフィルムに印刷しました。豆乳の濃厚さを訴求するデザインです。

「濃い豆乳で造ったおいしい絹ごし
銅賞受賞フィルム」山久食品

徳島県

「クスッ」と笑えるひと工夫

中身はたぬきをかたどった最中で、地元のゆるキャラ「こまポン」を採用。よく見ると入り数が「6個入り」ではなく「6匹入り」になっています。

「狸合戦もなか」山陽堂

徳島県

パッケージに柄をつけて高級感アップ

スーパーなどで安く売られがちな袋入りの椎茸。全体に「雲竜」と呼ばれる柄を入れることで、高級感を高めました。

「足つき椎茸　雲竜袋」
サンマッシュ櫛渕協同組合

東京都

B 級グルメ好きの男たちに捧ぐ

テレビで頻繁に取り上げられる人気店の味を再現した商品。顔が売れている飯野雅司オーナーに大きく登場していただきました。

「両面焼きそば男麺」あべたいと

徳島県

商品の特徴をストレートに伝える

選ばれた８人の生産者しか作ることのできない超肉厚な椎茸であることをネーミングで強調しました。パッケージ裏面には８人の血判書のような署名があります。

「超（スーパー）肉厚自慢生しいたけ」
サンマッシュ櫛渕協同組合

徳島県

今までのラスクと違うことがひと目で伝わる

イメージ訴求のパッケージが多いラスクの中にあって、「P ちゃん」というキャラクターを作成し、オリジナリティを演出しました。

「P-RUSK」パパベル

愛媛県

ブランドカラーを 打ち出したパッケージ

ケーキなどのテイクアウトケースといえば、白が一般的ですが、大胆に同店のブランドカラーである赤を採用。インパクトのあるケースになりました。

「テイクアウトケース」マルブン

徳島県

作り手の顔とストーリーを表現

「わっはっは」というネーミングと、笑顔の生産者を掲載することで、作り手の楽しさを伝えるパッケージに仕上げました。

「わっはっはのカットわかめ」阿波市場

徳島県

周年パッケージの王道

ベートーベンの交響曲「第九」アジア初演の地とされる徳島県で、2018年に100周年を記念して作ったお土産です。中身は炭酸せんべいです。

「第九せんべい」
鳴門西ライオンズクラブ

岡山県

「おいしさ」に 「楽しさ」をプラス

風船に豆腐が入っていて、爪楊枝で刺すと「ぷるっ」と飛び出してきます。スイーツ感覚で楽しめる豆腐です。

「風船とうふ美作大豆こうじ君」
早瀬食品

兵庫県

高級感を伝える素材を使用

「須磨のり」のロゴを大きく掲げたパッケージ。外箱に貼るシールには「千切り和紙」という高級感のある素材を使いました。

「須磨のりギフト」河昌

兵庫県

学問の神様にあやかった商品

学問の神様、天満大神菅原道真公を祀る網敷天満宮の地元・須磨ののり。「幸運を巻き取ろう　海苔海苔ハッピー」と、楽しさを表現しました。

「智慧ちゃんの須磨のり」河昌

兵庫県

合格祈願で受験生を応援

受験シーズンにはさらにご利益を高め、「合格祈願」や「海苔で乗りきれ！」と受験生にエールを送るパッケージになりました。

「智慧ちゃんの須磨のり」河昌

愛媛県

そば屋の空気感を感じるデザイン

そば屋の味を再現したと示すため、そば屋ですすっているかのように感じてもらうため、のれんを使ったパッケージにしました。

「和風だし香る蕎麦屋の純だしカレーうどん」ギノーみそ

徳島県

まるでブランド品のような色使い

３kgの梨が入った贈答用パッケージですが、よく見る黄土色の段ボール箱ではなく、「梨」。あえてティファニーブルーのような上品な色合いを採用しました。

「うずしおペアー」
フルーツガーデン山形

徳島県

シズル感を写真で表現

そば粉を使ったかりんとうに、とろーり糖蜜がかかっている動きのある写真を撮影。シズル感を出しました。糖蜜が自家製であることもアピールしています。

「そば粉かりんとう」市岡製菓

徳島県

とくしま特選ブランド認定品のしぐれ煮

自社牧場で育った黒毛和牛と、和田島産ちりめんがコラボしたしぐれ煮。「とくしま特選ブランド」に認定されたことを示すロゴマークをあしらっています。

「ふじおか牛のしぐれ煮」
ミートショップふじおか

徳島県

インパクト抜群のキャラクター

「ネバリとコクがある豆腐」を略して「ネコ豆腐」。インパクトのあるネコのキャラクターを採用しました。

「ネコ豆腐」桑原豆腐店

徳島県

ダンディーなダジャレ干物

鯛の干物のシールを作成する際、「蝶ネク鯛」というダジャレを思いつき、採用されました。うれし恥ずかしの事例です。

「鳴門鯛の干物」豊田商店

徳島県

ターゲットを絞ったごほうびスイーツ

「頑張るわたしのためのご褒美甘味」と表記。ビジネスや子育てでがんばっている女性に訴えかけました。

「塩豆大福」宝泉堂

徳島県

商品で得られる体験をネーミングに

高級料亭で食したかのような香りを伝えるネーミングにしました。酒のつまみに振りかけて重宝することをイラストでアピールしました。

「すじ青のり」JF 徳島漁連

徳島県

お父さんの誕生日にはケーキじゃなくて○○？

この箱の中身は何だと思いますか？ケーキが入っていると思いきや、実は肉が入っています。パーティーのサプライズプレゼントにぴったりな演出です。

「ハッピーパーティーミート」
ミートショップふじおか

おわりに

本書を最後までお読みくださり、ありがとうございます。

パッケージによって商品が生まれ変わる。喜んでくれるお客様が変わる。販売する店舗が変わる。価格が変わる。お客様が受け取る価値が変わる…。そう、パッケージが変わると世界が変わるということを、少しでもイメージしていただけたら、これ以上の喜びはありません。

私はパッケージの観点から多くの商品開発にかかわらせていただきますが、いつも「よい商品を作っているのに売れないって、悔しいだろうな」と思います。そんな商品を売れる商品に生まれ変わらせていくお手伝いをすることに、無上の喜びを感じます。

今でこそパッケージの仕事に誇りをもっている私ですが、ほんの数年前までは仕事が大嫌いでした。実は「パッケージの仕事はゴミ製造業」だと思っていたのです。

きっかけはある日、「松浦君、きみの会社はゴミを作っているようなものだね、ゴミを売っているんだね」というお客様からの言葉でした。

「そうか、自分はゴミを作っているのか」と思い悩んだこともあります。それでも、目の前の仕事には一生懸命打ち込みました。すると次第に「松浦さんが届けてくれる袋のおかげで、無事に商品を出荷できました。ありがとうございます」「松浦さんが考えてくれたパッケージで、売上が上がりました！　ありがとうございます」など、お客様から感謝の言葉をいただくようになりました。

考えてみれば、世の中の商品のほとんどはパッケージに包まれています。パッケージがないと、商品は流通しないのです。

私は「パッケージ業は尊い仕事なんだ」と思えるようになりました。そこから改めてパッケージの勉強をしようと、2011年からずっとパッケージをテーマにブログを書くようになりました。自社採用事例のパッケージはもちろん、他社のパッケージも調べ、書いたブログの数はパッケージのことだけで2500本を超えました。今では「売れるパッケージ」と「売れないパッケージ」の違いがわかるようになってきたと自負しています。

本書ではそんな私の考え方やノウハウを、事例を交えながら紹介させていただきました。1つでもみなさんのお役に立てるものがあれば幸いです。

もし、私やパッケージのことに興味をもっていただけたなら、ぜひブログやYouTube、SNSなどでフォローしてください。

せっかくのご縁で出会えた奇跡。次はSNSでお会いしましょう。

また、パッケージに関するご相談や講演のご依頼などもいただけたら、とてもうれしいです。どうぞお気軽にご連絡ください。

本書を出版する機会に恵まれたのも、奇跡的なご縁でした。たまたまZOOM会議に参加したところ、『地方の中小企業が全国ブランドになるための広報PR パブリシティ戦略』(合同フォレスト刊)の著者であるPRプランナーの妹尾浩二さんと出会いました。

私が商業出版をしたいと思っている旨を伝えると「企画書を書いてみたらいい」とアドバイスをくださいました。そして、合同フォレストの山中洋二様、松本威様をご紹介いただき、出版に至りました。

この3名には、内容の構成や文章の指導まで、大変丁寧にご指導いただき、おかげさまで出版までたどり着くことができました。本当にありがとうございます。

掲載させていただいた会社のみなさまにもご協力をいただき、まことにありがとうございます。みなさまのご協力のおかげでこの本が出来上がりました。

出版にあたって、仕事面で支えてくれたパッケージ松浦のメンバー、精神面で支えてくれた妻と娘へ、ありがとうございます。

そして何より、本書でご紹介した商品のパッケージデザインを手がけてくださった、KESHIHAN洞の浜田淳子様、如月舎の藤本孝明様、立花デザイン事務所の立花かつこ様、トムデザの桑原富子様、seedの瀬川愛様、DESIGNにしばやしの西林良枝様、ライトハウス様、パッケージ松浦の桑原基輔、ほか各社デザイナーのみなさまに敬意を表します。ありがとうございます！

一商店、一商品でも多くパッケージの見直しによって、中小企業の活性化につながれば幸いです。最後まで読んでくださり、ありがとうございます。

2020年3月

株式会社パッケージ松浦　代表取締役社長／パッケージマーケッター®

松浦 陽司

パッケージマーケティングブログ
http://www.p-matsuura.co.jp/blog

パッケージマーケッターの YouTube「パケ Tube」
https://www.youtube.com/channel/UCH2Le1QVgBJ2mGpB2ZY21ig?view_as=subscriber

Facebook
https://www.facebook.com/matsuura.youji
＊ Facebook は messenger で事前に「本を読みました」などのご連絡をいただければ幸いです。

Twitter
https://twitter.com/p_matsuura

Instagram
https://www.instagram.com/matsuurayouji/

著者プロフィール

松浦陽司（まつうら ようじ）

株式会社パッケージ松浦代表取締役社長
パッケージマーケッター®

1974年徳島県生まれ。

広島大学理学部物性学科（現物理学科）卒業。

2002年、パッケージ松浦入社。入社当初は「パッケージは中身を出したら捨てられるゴミだ」との思い込みが強く、仕事に意味ややりがいを見いだせない日々を過ごす。やがて「パッケージは商品の安全・安心を守り、売上を伸ばす役割がある」ことに気づき、仕事に没頭するように。

2005年、創業者である父の跡を継ぎ、代表取締役就任。

2011年より、数多くのヒット商品のパッケージ調査を開始。750を超える事例から「売れるパッケージ」の共通項を発見。

現在、顧客と共に売上を伸ばすための商品開発やパッケージ資材の提案のほか、企業のブランディングについての提案を行っている。

本業のほか、世界初のパッケージマーケッター®として、全国各地でパッケージマーケティングセミナーなど、日々奔走している。